深沉。而我则要说：为什么我总是笔耕不辍？因为我的投资者爱得深沉。

祝中国股市好运！祝投资者好运！

皮海洲

洲观股市

一本书教你
看懂中国股市

皮海洲·著

中国财富出版社有限公司

图书在版编目（CIP）数据

洲观股市：一本书教你看懂中国股市／皮海洲著 . —北京：中国财富出版社
有限公司，2022.4

ISBN 978－7－5047－7690－7

Ⅰ.①洲⋯　Ⅱ.①皮⋯　Ⅲ.①股票市场—研究—中国　Ⅳ.①F832.51

中国版本图书馆 CIP 数据核字（2022）第 061140 号

策划编辑　郑晓雯	**责任编辑**　张红燕　郑晓雯	**版权编辑**　李　洋
责任印制　梁　凡	**责任校对**　卓闪闪	**责任发行**　董　倩

出版发行　中国财富出版社有限公司		
社　　址　北京市丰台区南四环西路 188 号 5 区 20 楼	**邮政编码**　100070	
电　　话　010－52227588 转 2098（发行部）	010－52227588 转 321（总编室）	
010－52227566（24 小时读者服务）	010－52227588 转 305（质检部）	
网　　址　http://www.cfpress.com.cn	**排　　版**　宝蕾元	
经　　销　新华书店	**印　　刷**　宝蕾元仁浩（天津）印刷有限公司	
书　　号　ISBN 978－7－5047－7690－7/F·3459		
开　　本　710mm×1000mm　1/16	**版　　次**　2022 年 8 月第 1 版	
印　　张　14.75	**印　　次**　2022 年 8 月第 1 次印刷	
字　　数　241 千字	**定　　价**　65.00 元	

序　言

《洲观股市》是我的第 2 本书，对于每天都在写作的我来说，这个数量确实有点少。实际上，这也是我时隔 15 年再一次出书，我的第一本书于 2007 年出版。都说"十年磨一剑"，而我的这本书一磨就是 15 年。如果是磨剑，那么，这把剑也被磨得够锋利了。

之所以磨了 15 年之久，是因为自己对于出书没有太大的动力。毕竟，除了畅销书作家，出书基本上不赚钱。既然出书的行情如此不景气，我也就别自讨没趣了。

当然，缺少出书的动力也与自己的身份有关。有人出书是为了各种职称、资质的评定，有人出书是为了彰显自己在行业中的优秀，彰显自己的成就感。但我无论是作为财经评论员还是作为投资者，都不存在出书方面的需求。

作为财经评论员，我每天围绕资本市场的热点，写评论性的文章，而且每天的财经评论文章与图书相比，时效性更强。

作为投资者，通过投资盈利就是投资的最高准则。当然，如果能够从投资中感受到快乐，那就是投资者的更高境界了。所以，作为一名投资者，我也没有出书的动力，也无须考虑通过出书来赚钱。

还有一个很重要的原因，就是市面上关于股市的书很多，但真正成为畅销书且获得良好口碑的很少，这对于写作者来说是巨大的压力。对于我个人来说，我更希望自己的书可以给我的读者一些启发，成为他们的投资参考，而不是成为他们手中或眼里的垃圾。

另外，还有一个原因不能不提，就是现在愿意看书的人少了，喜欢玩手机的人多了。愿意通过读书寻找投资方法的人很少，更多的投资者更希望从某些渠道得到某只股票上涨或下跌的消息，希望获得更多所谓的内幕消息。他们希望得到的是"鱼"而不是"渔"，然而，书籍能提供给投资者的是

"渔"而不是"鱼"。

正因如此，对于出书，我的动力一直不足。这次决定出这本书，还要感谢姚茂敦先生的大力支持。正是因为有了他的大力支持，我终于决定从最近2年自己写作的文稿中，挑选出部分精品，结集成册。

决定再次出书，也是基于"好事成双"的考虑。既然已经于2007年出版了我的第一本书《轻轻松松炒股票》，所以，无论如何也该有第二本书出来。如果一生只出版了一本书，会给世人留下江郎才尽的感觉。因此，出版第二本书，也是对自己的一个证明，给这15年的写作留一个纪念。

当然，决定出这本书，也是基于一种责任感与使命感。因为最近几年，在与一些基金经理、券商及投资机构高管的接触中，他们常常提到，是看着我的文章进入证券行业的，他们对我的一些观点表示认同，这让我有了一定的成就感。因此，我希望更多的人能够读到我的文章，同时也希望更多的人能够更全面地理解我对资本市场的观点。而出书则是让读者更系统、更全面地了解我对资本市场的观点的一个重要方法。

责任感，是对于我的粉丝、读者及广大投资者而言的。多年来，我一直被称为投资者的代言人，自己的很多文章反映的也是投资者的呼声。但不可否认的是，尽管投资者股票开户数已经超过2亿户，但普通投资者仍然处于弱势地位，投资者的利益仍然会经常受到损害。投资者要在股市里赚钱并不容易。所以，我还要继续为投资者代言，要用自己的文章尽可能地帮更多的投资者成熟起来，尽可能地让投资者认清市场上的投资陷阱，规避不必要的投资风险，争取多一些投资收益。让投资者在投资中获得收益，是我最大的心愿。这也是我决定出版这本书的初衷之一。

而使命感，则是对于中国股市来说的。毕竟自己作为A股市场的第一批投资者，见证了中国股市的成长，经历了中国股市从无到有、从小到大的过程，不但对中国股市有着深厚的情感，而且对中国股市的优势与不足也有着清醒的认识。所以，30年来，我不仅写下了很多有关中国股市的文章，同时也就中国股市的健康发展提出了不少建议，而且这其中的不少建议最终也得到了管理层的采纳。

在中国股市即将进入全面注册制时代的背景下，我希望中国股市的发展更加健康和规范，因为中国股市的健康规范发展关乎投资者的切身利益。这也是我决定出版这本书的原因之一。我非常期望我的这本书能为中国股市的健康发展、规范发展做出些许的贡献。

著名诗人艾青有诗云：为什么我的眼里常含泪水？因为我对这土地爱得

目　录

第一部分
股市风云篇

PART 1

01

"中国第一股民"杨百万留给投资者的三大启示

在中国股市里有着"中国第一股民"美名的杨百万,在 2021 年端午节前夕去世了,享年 71 岁。作为一个股民,杨百万的去世能够受到证券市场的关注,这本身就是杨百万成功的表现,因为他曾经是中国股市的标志性人物,是 A 股市场第一代股民的代表性人物。而作为一名成功人士,他的投资经历给国人尤其是投资者留下了三大启示。

其一,做人要有投资意识,更要把握住投资的机会。杨百万原名杨怀定,是原上海铁合金厂职工。1988 年春,国库券转让从 7 座城市开始试点,逐步增加到在 61 座城市放开,还出现了异地差价。杨怀定就发现了其中的投资机会。当时,已经从单位辞职的杨怀定,不仅在上海从事国库券的交易,还前后几十次去合肥,以低于上海国库券的价格收购国库券。当时,个人异地取款十分困难,他只好用箱子装着几十公斤的现金或者国库券往返两地。考虑到安全问题,杨怀定专门请荷枪实弹的警察来保护自己,上海也因此出现了第一例私人聘请公安人员当保安的事例。

而通过这种异地国库券交易的方式,杨怀定赚取了自己人生的第一桶金,在 1 年左右的时间内,将自己 2 万元的本金,做到了 100 万元以上,有了"杨百万"的称号。当时的 100 万元相当于如今的几千万元,这在当时是巨大的成功。而杨百万能够取得成功,显然得益于他所具有的投资意识以及对投资机会的把握能力,否则就不会有"杨百万"的诞生。

其二,做一个守法的投资者。在资本市场中,各种违法违规的事情可谓不胜枚举。不论是投资者,还是融资者,或者中介机构,通过违法违规的操作获利的比比皆是。杨百万之所以能成为"中国第一股民",很显然与其所具有的强烈的守法意识是密不可分的。如果他不是一个守法者,也不可能成为中国股市的标志性人物。实际上,就在杨百万买卖国库券大把大把赚钱的时候,他就主动跑到税务局咨询买卖国库券是否要缴税。根据相关条例,国库券是免税的,税务局的工作人员据此认为杨百万不需要为买卖国库券获得的收入缴税,并且表扬了他主动报税的行为。杨百万因此成为第一个主动到税务部门咨询缴税政策的投资者。杨百万的这种做法无疑为投资者树立了榜样。

其三,投资有风险,股市里没有常胜将军。杨百万在 1989 年进入股市,买的第一只股票是电真空,实现了开门红,获利 150 余万元。这在当时足以被称为"暴利"。

但股票投资终究是有风险的。杨百万也有投资失败的时候。比如,2005 年杨百万用 200 万元买入上海电力,结果亏掉了 40 万元。而对于中石油的投资,杨百万同样看走了眼,可以说是一个败笔。虽然杨百万表示,他在中石油股票上中签了 4000 股,上市首日就以 48 元的价格卖掉了,赚了 12 余万元。但后来,杨百万多次唱多中石油,表示自己重仓中石油股票,并声称要把中石油"留给孙子",如果果真如此,那么杨百万在中石油股票上难逃亏钱的命运。即便杨百万把中石油股票卖掉了,不将其"留给孙子"了,中石油股票的表现还是给杨百万,给投资者上了一堂风险教育课。所以,置身股市之中,投资者需要有风险意识,同时也要理性面对投资的失败,毕竟股市里没有常胜将军。

我们要用发展的眼光来看待杨百万的投资心得。虽然股市里没有常胜将军,杨百万的投资也有失败的时候,但总体来说,在资本市场中,杨百万的投资是成功的。所以,杨百万的一些投资心得也是值得投资者借鉴的。比如,杨百万认为,在投资过程中,平和的心态很重要,不能贪婪,要懂得见好就收。但对于杨百万的投资心得,投资者也不能盲目地照搬照抄,比如,杨百万表示,新股发得多了,短期内股市就不会涨。但从最近几年的市场行情来看,新股发了很多,但该涨的个股仍然在涨,甚至一再创出历史新高。所以,对于杨百万的投资心得,投资者不要简单地生搬硬套,而是要用辩证的眼光来看待。

02

上会节奏加快不等于 IPO 提速

2021 年 6 月 15 日，是端午节后首个交易日，A 股市场出现了"开门黑"走势，当天，上证指数大跌 33.19 点，跌幅达 0.92%。究其下跌的原因，主要是当周（6 月 14 日—6 月 20 日）IPO（首次公开募股）上会节奏明显加快。

从 IPO 公司的上会安排来看，当周 IPO 上会节奏确实明显加快了。而前一周（6 月 7 日—6 月 13 日，下同）总共有 10 家 IPO 公司上会，而 6 月 14 日—6 月 20 日这一周安排上会的 IPO 公司达到了 14 家，而周一又因端午节休市，所以当周的实际交易日只有 4 天。因此，当周 IPO 上会节奏确实明显加快了。相比 5 月全月只有 23 家 IPO 公司上会，IPO 上会节奏的加快更加明显。

如何看待 IPO 上会节奏加快？实际上这是意料之中的事情。5 月 IPO 上会节奏放缓，一方面，IPO 现场检查以及 IPO 把关从严让部分 IPO 公司有了畏缩情绪，尤其是 IPO 申报材料存在瑕疵的公司，纷纷撤回了材料，从而导致 IPO 上会节奏的放缓；另一方面，一个更加重要的原因在于 2020 年年报的出台，IPO 公司需要对申报材料的相关数据进行修改，这就影响了 IPO 公司的上会进程。此后，该完善的材料得到了完善，该修改的财务数据也得以修改，如此一来，IPO 公司上会的节奏自然就会加快。

不过，尽管 IPO 公司上会节奏加快，但当周 14 家公司上会基本上还是正常水平。毕竟在 2020 年，一周上会的 IPO 公司数量达到 20 家以上也是常见的，其中 8 月 20 日上会的 IPO 公司数量就达到了 12 家。2021 年 6 月 14 日—2021 年 6 月 20 日上会公司数最多的一天是 6 月 17 日，不过也只有 7 家公司，这与上会高峰期相比，显然是"小巫见大巫"。所以，对于 IPO 公司上会节奏的加快，市场也没有必要感到恐惧，在新股发行常态化的背景下，尤其是在科创板、创业板注册制发行的背景下，每周上会十几家公司其实也是挺正常的，没必要对此谈虎色变。

其实，IPO 公司上会节奏加快并不等于 IPO 提速。这二者之间并不能画等号。IPO 公司上会节奏加快，并不意味着新股发行数量就会增加；同理，IPO 公司上会节奏放缓，也并不意味着新股发行数量就会减少。比如，2021年 6 月 7 日—6 月 13 日，10 家 IPO 公司上会，安排新股发行的公司有 15 家；2021 年 6 月 14 日—6 月 20 日，14 家 IPO 公司上会，安排新股发行的公司有 11 家。2021 年 6 月 14 日—6 月 20 日的新股发行数量并没有因为 IPO 公司上会节奏的加快而增加。又比如，2021 年 5 月上会的 IPO 公司只有 23 家，创近年来的新低，但 5 月新股发行数量达到了 40 只，这个数据并不低。可见，IPO 公司上会节奏加快与 IPO 提速完全是两回事，投资者没必要因为 IPO 公司上会节奏加快，就认为 IPO 提速了。

实际上，在新股发行常态化的背景下，尤其是在科创板、创业板注册制发行的背景下，IPO 提速也是正常现象。投资者没有必要对此望而却步。如 2020 年，首次公开发行 A 股 394 只，募资金额达到了 4742 亿元，创近 10 年新高。但就是在这种情况下，2020 年上证指数从 3050.12 点上涨到了 3473.07 点，涨幅达到了 13.87%。可见，新股发行提速并不意味着股市的指数就会下跌。新股发行提速与股指上涨是可以并存的，关键是要综合考虑市场承受力、流动性环境以及一级、二级市场的协调发展，积极创造符合市场预期的新股发行生态。

因此，对于目前的 A 股市场来说，IPO 公司上会节奏加快并不是什么问题，甚至 IPO 节奏有所加快也不是问题。重要的是，IPO 公司的质量要有保证，包括 IPO 公司的信息披露要透明，企业不能一上市就"变脸"。这是市场难以承受的。如果上市公司的质量有保证，尤其是如果有真正优质的公司上市，相信市场是不会排斥的，而是会伸出双手来欢迎。

03

炒作仍是 A 股市场的投资主题

2021 年新年伊始，商务部等 12 部门联合印发《关于提振大宗消费重点消费促进释放农村消费潜力若干措施的通知》（以下简称《通知》）。《通知》提出了稳定和扩大汽车消费、促进家电家具家装消费、提振餐饮消费、补齐农村消费短板弱项、强化政策保障 5 个方面的工作任务。从这 5 个方面的工作任务来看，《通知》的精神在于促进消费。

《通知》能在多大程度上促进消费，需要时间来给出答案。毕竟，扩大消费、促进消费是政策面年年都在强调的事项。扩大消费的关键在于增加老百姓的收入。因为购买了高价房，很多老百姓的消费能力其实是严重不足的。毕竟房贷还要还几十年，怎么敢轻易消费啊！因此，在以往刺激消费的基础上，2021 年出台《通知》来促进消费，效果如何，自然至少需要等到 2022 年见分晓。

但股市里的投资者显然不会等。《通知》一出台，就有人将汽车（特别是新能源汽车）、家电、餐饮（包括酒类、饭店等）、物流（特别是冷链）4 大行业置于风口之上。从政策的内容来看，这 4 大行业也确实可能成为《通知》的受益行业。

那么，《通知》会对市场产生怎样的影响呢？我认为，《通知》的影响较为有限。一方面，从政策面来说，国家刺激消费的政策是长期的，并非始于今天。在长期的刺激下，老百姓一直在往外掏钱，该买的商品老百姓也都已经买得差不多了。老百姓不会因为《通知》的出台而大量地买进。而且，老百姓也并非都是富翁，他们没有那么多钱来消费。何况对于一些"负翁"百姓来说，他们除消费上的刚需外，不敢大手大脚地消费。所以，《通知》对消费的刺激作用总体有限，老百姓会正常消费、理性消费，不会过度消费。

另一方面，从股市来看，消费股本来就是近年来股市一直都在炒作的重点，一些消费股的价格已经被炒到了历史的高位。如 A 股市场第一高价股贵州茅台，股价就高达 2100 元，市盈率已经接近 60 倍。这已经完全超出了理性投资、价值投资的范畴，是一种典型的博傻①。从理性的角度来说，这种股票已经没有上涨的空间了，只剩下博傻的空间了。A 股市场上博傻的投资者越多，其股价上涨的空间就越大。因此，《通知》的出台，跟这类股票的走势没有太大的关系，也就是给这类股票的炒作者壮壮胆子而已。

既然消费股已经处于高位，那么，2021 年的资本市场还要继续炒作这些热点股票吗？答案是肯定的。实际上，2021 年 1 月 4 日中金公司将贵州茅台的目标价上调 30% 至 2739 元也说明了这一点。之所以如此，这一方面是由目前市场的炒作模式来决定的。目前市场采用一种机构抱团取暖的模式炒作，像贵州茅台这样的优质白马股，成了机构抱团取暖的对象，想撤出来并不容易，已经没有散户接盘了，所以只能一直抱下去。只要上市公司本身的基本面不出现大的问题，这种抱团取暖的模式对于机构来说是相对安全的。

另一方面，这是因为 A 股市场本身就是一个投机炒作的市场，并没有太多的价值投资可言。相比较而言，机构抱团取暖的股票是安全的。而那些没有被机构相中的股票，就会成为市场抛弃的对象，股价连创新低，一些垃圾股甚至还面临着退市的风险。而且，股市里的热点也就那些，轮换着炒，今天炒炒消费股，明天炒炒 5G（第五代移动通信技术）股，后天再炒炒疫苗概念股，还有周期股等，股市还是那个股市，炒作的还是那些热点。

当然，这样的市场增加了投资者的投资难度，投资者需要适应市场的变化。一方面，投资者需要跟上市场炒作的热点；另一方面，也需要做好风控，毕竟股票的投资风险普遍很大。此外，投资者如果选股困难，可以选择指数基金以及自己看好的某些行业基金。这会让投资者在投资的过程中省心许多。

---

① 博傻是指市场参与者在明知股票或其他投资/投机产品价格已经被高估的情况下还在买入，寄希望于接下来会有更"傻"的人以更高的价格接手的市场心理和行为。

04

中国散户为何难以打败机构投资者？

2021 年 1 月，美国资本市场上演了一场散户打败机构投资者的好戏。美国百亿对冲基金梅尔文资本（Melvin Capital）因跟散户作对做空游戏驿站（GameStop）而出现大幅亏损。梅尔文资本的基金经理加布·普洛特金（Gabe Plotkin）表示，在经历巨额亏损后，公司已清掉了对游戏驿站的空头头寸①。他同时澄清了市场上关于梅尔文资本即将清盘的流言，称有关公司将申请破产的猜测是错误的。

梅尔文资本是否破产并不重要，重要的是美国百亿对冲基金败给了散户。如果这种事在 A 股市场发生，梅尔文资本这样的机构怕是没脸再在这个市场上混了。因为在 A 股市场中，散户是很难打败机构投资者的。但在美国，这种情况并不令人奇怪，甚至常有发生。那么，为什么在 A 股市场散户很难打败机构投资者呢？究其原因，主要有以下三点。

首先，A 股市场中的散户不成熟，虽然人数众多，但形同一盘散沙，很难凝聚成一股力量。毕竟 A 股市场成立的时间不长，市场本身并不成熟，中小散户就更加不成熟了，所以容易上当受骗，并被机构投资者牵着鼻子走。在这种情况下，A 股市场中的散户基本上就是机构投资者的"韭菜"，任凭机构投资者"收割"。当然，这些散户中也有不少成熟的投资者，但因为中国散户人数众多，在众多的散户投资者中，总会有人上当受骗，成为机构投资者"收割"的"韭菜"。所以，在 A 股市场中，机构投资者打败散户是很容易的

---

① 头寸，金融术语，指的是个人或实体持有或拥有的特定商品、证券、货币等的数量。

事情；相反，散户要想打败机构投资者却很难。

其次，机构投资者在 A 股市场占据了主导地位。第一，机构投资者占有资金上的优势。第二，机构投资者掌握了市场上的话语权。这个话语权不是指投票权，而是指对市场舆论的掌控。比如，能够在权威媒体上指点股市江山的都是机构投资者。不论是在几大证券报上，还是在一些电视节目里，或激扬文字，或侃侃而谈的，几乎都是机构投资者的代表，即便是在互联网上，影响力比较大的也都是些机构投资者。机构投资者掌握了市场上的话语权，散户自然也就跟着机构投资者走了。第三，机构投资者拥有信息上的优势。虽然监管部门一直强调上市公司信息披露要公开透明，但市场上总有先知先觉者存在，机构投资者就是这样的先知先觉者。机构投资者总是能够通过各种渠道率先获得上市公司的相关信息。这就很容易让机构投资者在投资的过程中占据主动地位。更何况，有的上市公司与机构投资者蛇鼠一窝，狼狈为奸，这就更让一些机构投资者在投资的过程中如鱼得水。而散户只能追涨杀跌，处于被动挨打的境地，因此很难打败机构投资者。

最后，股市缺少严刑峻法，执法不到位。一些机构投资者为什么可以忽悠散户，为什么可以操纵股价，为什么可以进行内幕交易，归根结底在于缺少严刑峻法和执法不到位。比如，上市公司发布虚假信息，忽悠散户配合机构投资者进行炒作，罚款最高额不超过 200 万元。虽然法律对操纵市场者的惩处较重，但事实上，很多操纵市场者平安无事，大多逃过了监管的处罚，最后被处罚的总是少数，这让一些操纵市场者存有侥幸心理。正因如此，总有机构投资者敢于违法违规，散户也就更难打败机构投资者了。

当然，就严刑峻法而言，新《中华人民共和国证券法》（以下简称《证券法》）以及《中华人民共和国刑法修正案（十一）》的实施，加大了对资本市场违法违规行为的惩处力度。接下来，还需要监管部门与执法部门落实到位、执法到位。在这个问题上，A 股市场还任重道远。

05

负重前行的 A 股市场没有"软骨病"

2021 年以来，A 股市场出现了一波回调的走势，上证指数从最高点 3731.69 点跌到了 3328.31 点，跌幅达 10.81%。与此同时，美股仍然处于创新高的过程之中。为此，A 股市场遭到市场各方的吐槽。比如，有一种观点认为，A 股市场得了"软骨病"。

A 股市场的表现确实令人不满。比如，10 年前上证指数最高在 3000 点附近，10 年之后上证指数还在 3000 点附近。又比如，2007 年 A 股市场大牛市时，上证指数最高为 6124.04 点，美股道琼斯指数最高为 14164.53 点，两者之比接近 1∶2；13 年过后，2020 年，上证指数最高为 3474.92 点，美股道琼斯指数最高点突破 30000 点，"一览众山小"，两者之比接近 1∶9。没有比较就没有伤害，如此一对比，A 股市场的不尽如人意也就暴露无遗了。而且市场各方担心，A 股指数没有伴随着美股指数一起上涨，一旦错过了"时间窗口"，A 股指数会不会陪着美股指数一起下跌呢？

市场各方有这种担心是可以理解的。但 A 股指数显然不会是美股指数的"跟屁虫"，不会看美股指数的脸色。实际上，在多次的重大利空面前，A 股指数都表现出了相对的独立性。而且，就算 A 股指数想陪着美股指数下跌，A 股指数也没有太大的下跌空间，整体上大跌的可能性很小。所以，A 股指数其实走的是自身的独立行情，不必担心 A 股指数会陪着美股指数一起下跌。

至于"软骨病"，这更不是 A 股市场的症状。A 股指数之所以涨幅并不明显，关键在于 A 股市场一直是在负重前行。这是任何一个市场都不能比拟的。

虽然 A 股市场没有纵向发展，但 A 股市场横向发展的成果是非常显著的。一方面，就上市公司数量来看，2007 年 A 股市场的上市公司数量为 1527 家，2021 年 A 股市场的上市公司的数量已经超过 4000 家了，比 2007 年的 2.61 倍还多。另一方面，就股票总市值来看，2007 年上证指数创下 6124.04 点的历史高点时，A 股市场的总市值是 32.67 万亿元，而 2021 年上半年 A 股市场的总市值就达到了 86.2 万亿元。所以，认为 A 股市场得了"软骨病"的说法是不正确的。A 股市场同样在发展，只不过发展的方向不同罢了：美股市场纵向发展，A 股市场横向发展。这也正是 A 股市场负重前行的一种表现，即 A 股市场每年都要迎接大量公司上市，A 股市场需要承担巨大的扩容压力。

当然，A 股市场负重前行不只表现在 IPO 公司扩容上，还表现在 A 股市场是一个不成熟的市场，各种问题众多，妨碍了 A 股市场的纵向发展。比如，上市公司质量不高，成长性欠佳。在 A 股市场，真正的蓝筹公司和优质公司还只是少数，市场上更多的是平庸公司，其中垃圾股占据了较大的比例。而这样的公司结构显然是不足以支撑股指上行的。A 股股指要上行，就必须有上市公司的业绩与成长性作为保证。没有了这个保证，指数上行就只能是无米之炊。

不仅如此，A 股市场的投机炒作之风也让 A 股指数难以持续上涨。这一点在新股上市方面的表现尤其突出。A 股市场的新股上市，大多会受到市场的投机炒作，尤其是科创板、创业板的新股没有涨跌幅的限制，上市当天就会受到市场的大幅炒作，股价可能被严重透支。如一只发行价低于 30 元的股票，上市当天股价被炒到了 130 元，然后持续下跌，跌到发行价附近。新股上市大大透支了上市公司的业绩，这样的新股上市显然很难成为指数上涨的推动因素，只会带领指数下跌。

此外，还有一个很严重的问题就是股东的减持套现，重要股东把股市当成了提款机。由于上市公司股权结构的不合理和股东减持制度的不完善，新股上市给市场带来了源源不断的限售股，股市也因此成了这些限售股股东的提款机。一旦限售股解禁，一些股东马上就加入套现的行列。如 2020 年，仅重要股东减持套现的金额就达到了 6556 亿元，大大超过了 IPO 募集的 4726 亿元。重要股东的减持套现也大大地削弱了股指上升的动力。

可以说，A 股市场就是在以上诸多不利因素的影响下负重前行的。在这种情况下，A 股指数没有出现大的下跌，仍然顽强地站在 3000 点之上已经非常难得了。所以，A 股市场的滞涨显然与"软骨病"无关，对此我们不能只有责怪，而是要看到问题之所在，并尽可能地解决问题，这样 A 股市场才能在减负中前行。

06

对"带病闯关"的拟 IPO 公司应严肃查处

2021 年 3 月 20 日，中国证券监督管理委员会（以下简称证监会）主席易会满在中国发展高层论坛圆桌会上就 IPO"撤回潮"问题发表了自己的看法。易会满表示："最近，在 IPO 现场检查中出现了高比例撤回申报材料的现象，据初步掌握的情况看，并不是说这些企业问题有多大，更不是因为做假账撤回，其中一个重要原因是不少保荐机构执业质量不高。"

易会满认为，不少中介机构尚未真正具备与注册制相匹配的理念、组织和能力，还在"穿新鞋走老路"。易会满同时表示，对"带病闯关"的公司将严肃处理，绝不允许一撤了之。

易会满之所以会就 IPO"撤回潮"问题发表自己的看法，主要是因为 2021 年以来拟 IPO 公司"撤回潮"受到了市场的广泛关注。有资料显示，2021 年 1 月 1 日至 2021 年 3 月 28 日，已有 73 家拟 IPO 公司终止审核，而在 2020 年终止数量达到最高峰的第四季度，也仅有 43 家公司中断上市。

上市无疑是这些拟 IPO 公司的一大梦想。但为何这些拟 IPO 公司要撤回申报材料呢？其中，IPO 现场检查及现场督导起到了决定性作用。中国证券业协会 2021 年 1 月 31 日发布的《关于首发企业信息披露质量抽查名单的公告》（第 28 号）中公布了 20 家被抽查的公司，已有 16 家终止了 IPO 申请，终止比例高达八成。

在加强 IPO 现场检查及现场督导的情况下，拟 IPO 公司出现"撤回潮"确实是一件需要正视的事情。不论是因为企业做假账撤回，还是由于保荐机构执业质量不高撤回，对于其中涉及"带病闯关"的拟 IPO 公司，应严肃查处，用严格执法来为 IPO 保驾护航。

对"带病闯关"的拟 IPO 公司严格执法、严肃查处，是维护法律尊严与权威的表现，是有法必依的表现。对于拟 IPO 公司"带病闯关"的行为，新《证券法》有明确的规定，对发行人、直接负责的主管人员、其他直接责任人员以及发行人的控股股东等所应承担的责任，都有明确的划分。比如，新《证券法》第一百八十一条规定："发行人在其公告的证券发行文件中隐瞒重要事实或者编造重大虚假内容，尚未发行证券的，处以 200 万元以上 2000 万元以下的罚款；已经发行证券的，处以非法所募资金金额 10% 以上 1 倍以下的罚款。对直接负责的主管人员和其他直接责任人员，处以 100 万元以上 1000 万元以下的罚款。发行人的控股股东、实际控制人组织、指使从事前款违法行为的，没收违法所得，并处以违法所得 10% 以上 1 倍以下的罚款；没有违法所得或者违法所得不足 2000 万元的，处以 200 万元以上 2000 万元以下的罚款。对直接负责的主管人员和其他直接责任人员，处以 100 万元以上 1000 万元以下的罚款。"

对于保荐机构，新《证券法》同样给出了明确的处罚。如新《证券法》第一百八十二条规定："保荐人出具有虚假记载、误导性陈述或者重大遗漏的保荐书，或者不履行其他法定职责的，责令改正，给予警告，没收业务收入，并处以业务收入 1 倍以上 10 倍以下的罚款；没有业务收入或者业务收入不足 100 万元的，处以 100 万元以上 1000 万元以下的罚款；情节严重的，并处暂停或者撤销保荐业务许可。对直接负责的主管人员和其他直接责任人员给予警告，并处以 50 万元以上 500 万元以下的罚款。"正因为新《证券法》已经做出了明确的处罚规定，所以，出于维护法律权威的目的，在执法过程中，必须做到有法必依，而不是让法律成为一纸空文。

而且，通过对"带病闯关"拟 IPO 公司严格执法，也可以消除或减少拟 IPO 公司的侥幸心理，维护 IPO 的正常秩序。因为上市带来的巨大利益诱惑，不少公司在上市的过程中存有侥幸心理，有的本来并不符合 IPO 条件，或者存在这样或那样的一些问题，但它们仍然"带病闯关"，从而造成 IPO 堰塞湖的出现。

这些公司之所以抱有这种侥幸的心理，一个很重要的原因就是原《证券法》对"带病闯关"的行为惩处不力,根本就没有震慑力。而新《证券法》则解决了这个问题,将处罚的上限提高到了 2000 万元,这对于拟 IPO 公司来说,显然是一笔不小的罚款。因此,有了新《证券法》的保驾护航,再加上监管部门对"带病闯关"拟 IPO 公司的从严执法,对于消除拟 IPO 公司的侥幸心理、维护 IPO 的正常秩序显然是有积极意义的,如此一来,拟 IPO 公司"带病闯关"的现象就会大幅减少。

07

上市公司现金分红越多越好吗？

现金分红是上市公司回报投资者的一种方式。高派现，顾名思义就是上市公司给予投资者高回报。那么，上市公司现金分红是否越多越好呢？对于这个问题需要辩证地看待。

就现金分红来说，最大的受益者是上市公司的控股股东。上市公司之所以推出高派现方案，很大程度上就是为了满足大股东对资金的需求。对于中小投资者来说，上市公司股价的波动直接影响着自身的利益。但对于大股东来说，如果不进行股票减持的话，那么股价涨跌带来的利益变动其实就是"浮云"。在这种情况下，与大股东的利益直接相关的就是上市公司的现金分红。以 2021 年 3 月 18 日晚发布了 2020 年年度报告的四方股份为例，公司拟发放现金红利 7.97 亿元，控股股东四方电气（集团）持股占比为 45.12%，这意味着四方电气（集团）将拿走其中的 3.60 亿元红利。对于控股股东来说，这显然是一笔不菲的收益。尤其重要的是，控股股东没有减持股份就拿到了这样一笔巨资，显然是很划算的，这相当于控股股东减持约 5000 万股股票的所得。

而对于二级市场上的投资者（简称投资者）来说，高派现只是市场的一个炒作题材而已。投资者的主要目的是赚取股票在二级市场上的差价。比如，四方股份的每股分红是 0.98 元，如果能炒出两个涨停板，其收益就可以远远超过每股 0.98 元的分红。这才是投资者所需要的。如果股价还能进一步被炒高的话，投资者就很乐意交出筹码，把股票抛售出去。

至于分红本身，对于投资者来说是缺少吸引力的。因为现金分红需要进行除息处理，这一除息就意味着投资者"无所得"了，比如8.98元的四方股份股价，一经除息就变成了8.00元，所以有没有现金分红，并没有多少实际意义。尤其是中小投资者还需要缴纳10%甚至是20%的红利税，因此现金分红反倒成了一种损失。所以，对于现金分红，从保护中小投资者利益的角度出发，应该尽快取消红利税。因为分红而导致投资者利益遭受损失，是对上市公司回报投资者行为的一种扭曲。

此外，上市公司进行现金分红能够给大股东提供最大的回报，这当然是好事。但上市公司的利润分配也需要兼顾上市公司的发展，而不是分光吃光，甚至把上市公司的家底掏空。对于投资者来说，上市公司的长远发展是获得利益的基础与保障。相反，吃光分光甚至掏空家底式的分红，很容易让长线投资者对公司未来的发展感到担心。因为这种做法有可能是上市公司的大股东把上市公司当成提款机的一种手段。尤其是，有的上市公司，先推出高派现方案，随后推出再融资计划，向公众投资者伸手要钱，这种上市公司的高派现方案是向控股股东进行利益输送的一种方式。

正因如此，上市公司高派现方案务必要兼顾公司的发展，以公司的发展为重，尽量避免吃光分光、掏空家底式的分红。实际上，为了企业的长远发展，投资者对于上市公司阶段性少分红甚至不分红是可以接受的。像"股神"巴菲特旗下的伯克希尔·哈撒韦公司，常年不给投资者现金分红，但公司创造了极好的业绩回报，公司股价也因此达到了每股40万美元，这是投资者对该公司发展的最好肯定。所以，利润分配不是要将上市公司的利润分光吃光，公司的良好发展才是对投资者最好的回报。

08

全面落实退市方案，ST 股为何反成亮丽风景线？

2021 年 3 月，证监会召开上市公司监管工作会议，部署下一步重点工作。其中的一项重点工作就是全面贯彻落实退市制度改革方案。

全面贯彻落实退市制度改革方案，应该是意料之中的一件事情。毕竟退市新规①已于 2020 年 12 月 31 日正式发布，而退市工作又是近年来管理层非常重视的一件事情，包括在第十三届全国人民代表大会第四次会议上，李克强所作的《政府工作报告》中也提到要"完善常态化退市机制"。因此，证监会将全面贯彻落实退市制度改革方案作为一项重点工作来抓是情理之中的。

但超乎意料的是一些 ST 股的表现。本来退市新规的发布，新的退市制度的实行，对 ST 股的冲击最大。毕竟 ST 股需要直面退市的问题。可令人诧异的是，退市新规发布后，2021 年 1 月至 3 月，ST 股反倒成了 A 股市场一道亮丽的风景线。尤其是春节过后，股市大跌，但 ST 股逆势上涨，反而成了 A 股市场的避风港。例如，根据众泰汽车 1 月 29 日发布的业绩预告，其 2020 年归属于上市公司股东净利润预计亏损 60 亿~90 亿元，＊ST 众泰却从 1 月 12 日到 3 月 10 日收获 27 个涨停板，＊ST 江特、＊ST 中新也收获了十几个涨停板，＊ST 赫美的股价从 0.86 元上涨到了 2.03 元，涨幅超过 100%。这些 ST 股的涨势完全把退市制度踩在了脚下。

为什么这些 ST 股并没有被退市新规吓倒呢？这其实是秃子头上的虱

---

① 退市新规是指《上海证券交易所股票上市规则（2020 年 12 月修订）》和《深圳证券交易所股票上市规则（2020 年修订）》。

子——明摆着的。虽然退市新规被某些舆论炒为"史上最严的退市制度",但实际上退市新规存在很大的缺陷,这就给一些可能退市的上市公司留下了"逃生之门"。

以 ST 公司为例,以前的退市制度是 4 年亏损退市。退市新规显然给 ST 公司上演了一出"捉放曹"的好戏。首先是"捉",一方面是将 4 年亏损期缩短到了 2 年亏损期;另一方面是对亏损的考核增加了"扣非"① 因素,净利润或"扣非"利润,其中有一项亏损,即视为亏损,这样就让 ST 公司的各种保壳游戏难以为继了。这两点可以说是抓住了 ST 公司的要害,足以让所有的 ST 公司发抖。

"捉"住之后就是"放"。如何"放"呢?那就是退市新规增加了一个组合条款,即对营业收入指标做出规定。退市新规规定,营业收入达到 1 亿元的公司可以不退市。也就是说,不论公司亏损多少年,只要任意连续 2 年之中有 1 年的营业收入达到 1 亿元,公司就可以规避退市了。这无疑让亏损公司有了救命稻草。而有了这一条,绝大多数的 ST 公司就可以不退市了。因此,退市新规救了这些 ST 公司一命,成了这些 ST 公司的大恩人、大救星。

如此一来,这些 ST 公司自然要"弹冠相庆"了,这些 ST 公司终于从退市的高压中解脱出来了,而且股价连续上涨。因为退市新规的出台,ST 股迎来了自己的"幸福时光"。

ST 股的逆势上涨,可以说是对退市新规的"打脸"。实际上,从近年来管理层对退市工作的重视程度来说,退市新规理应加大 ST 股的退市力度,但实际结果是让大批的 ST 股死里逃生了,这显然是南辕北辙,需要管理层尽快予以纠正。于是,证监会部署下一步的重点工作,包括全面贯彻落实退市制度改革方案;同时,证监会有必要正视退市新规的短板。这个短板让 ST 股拥有了自己的"幸福时光",却让 A 股市场的"垃圾"越积越多。长此以往,中国股市就不会有自己的"幸福时光",投资者也不会有自己的"幸福时光"。

---

① "扣非"即扣除非经常性损益。

09

网红概念股御家汇 2019 年业绩暴跌说明了什么？

2019 年堪称"网红年"，网红直播带货红极一时，一些上市公司纷纷与网红合作。网红直播带货的效果到底如何，外人难以知晓，但董明珠自称，她开的网店一年的销售额达到了 3.5 亿元，这个效果相当不错。

网红直播带货的走红，带动股市里的网红概念股噌噌地往上涨。有的上市公司为了沾上网红概念股的边，甚至到网红直播间拉起了横幅，以此来"蹭热点"。由此可见，网红概念股如日中天。

那么，网红概念股是否真的是股市里的香饽饽呢？事实显然并非如此。比如，网红概念股的代表御家汇（现已改名为水羊股份）在 2020 年 1 月 21 日发布的 2019 年度业绩预告显示，2019 年，御家汇预计实现净利润 1000 万～3000 万元，同比减少 77.05%～92.35%。御家汇 2019 年净利润或暴跌 92.35%（该公司发布的年报显示，实际下跌 79.17%），这显然给网红概念股敲了一记警钟。

御家汇作为网红概念股的代表是当之无愧的。有关资料显示，御家汇 2019 年与 1500 余位网红主播合作，直播总场数累计超 8000 场。就此而论，在上市公司中，能超越御家汇的堪称凤毛麟角。

但就是这样一家网红公司，2019 年净利润暴跌 79.17%，实在是出人意料。公司方面将业绩亏损的原因归结为两点：一是报告期公司品类收入结构发生了变化，公司整体毛利率较上年同期有所下降，对公司本期业绩造成一定的影响；二是报告期公司销售费用较上年同期有一定幅度的增长，广告效益相对滞后，对本期利润产生较大影响。而就第二条原因来说，增长的销售费用，就包括给予网红直播的合作费用。

虽然御家汇将公司业绩大跌的原因归结为以上两点，但网红直播带货效果不佳，显然应该是该公司业绩不佳的一个重要原因。2019 年前三季度的数据显示，御家汇的营业收入为 6.04 亿元，同比下滑 3.48%，可见公司的销售额是下滑的。御家汇表示，2018 年全年及 2019 年前三季度，与网红主播合作形成的产品销售金额分别占御家汇营业收入的 0.99%、4.02%。为此，有市场人士推算，2019 年御家汇通过网红销售产品的金额约有 9158.84 万元，直播超 8000 场，按 8000 场计算，每场的销售额约为 1.14 万元。这个推算数据的准确性当然需要打个问号，但网红直播销售额不高基本上是事实。2019 年有 8000 余场直播，相当于每天约有 22 场，如果直播销售额可观的话，御家汇的销售额也就上去了，对应的公司净利润也会增加。

所以，御家汇 2019 年业绩大跌给当下火爆的网红经济以及网红概念股的炒作敲了一记警钟，它提醒投资者乃至社会各界人士，要冷静地看待网红经济与网红概念股的炒作。网红经济确实是当下市场的一道亮丽风景，但网红直播销售本身不是万金油，不是灵丹妙药，网红直播也只是给企业提供了一个平台、一个窗口而已，要唱好网红经济这台大戏，关键是要有"经济"方面的支持。

就厂家来说，关键是要有适销对路的产品，而且产品的质量要过关，如果产品的质量本身就有问题，就是神仙也救不了你，更别说是网红了。所以，即便是对网红经济，我们也不能片面强调网红的重要性，产品本身才是网红经济的支撑所在。

就投资者而言，要理性地对待网红概念股的炒作，不要以为一家上市公司跟网红沾了点儿边，做了一两场网红直播，或者在网红的直播间里拉了一条横幅，蹭了一下热点，这家公司就是网红经济的强者了。这些都不过是炒作而已，而这些炒作过后，留下的可能只是一地鸡毛。这种炒作跟真正的网红经济无关，因为真正的网红经济，归根结底要凭业绩来说话，谁是英雄，谁是好汉，拿出业绩来比比看。像御家汇 1 年做了 8000 余场网红直播，结果净利润还下跌了 79.17%，这能说是网红经济吗？只怕是要给网红经济抹黑了。所以，对于网红概念股的炒作，投资者要保持理性，不然投资者就要为这种炒作行为买单了。

10

科技股是资本市场的永恒主题之一

2020 年新春伊始，A 股市场呈现大幅震荡的走势，但创业板无疑是市场中的强者，不仅 2 个交易日就填补了 2020 年 2 月 3 日向下跳空的缺口，股指还一路走高，创下逾 3 年行情的新高。在创业板走强的背后，科技股成了行情的一大亮点，一些科技股受到市场的追捧。如何看待市场对科技股的炒作？这是否预示了市场未来的发展方向？

市场对科技股的炒作不是偶然的，而是必然的选择。这与创业板的强势是紧紧地联系在一起的。或者说，我们应该把科技股的炒作放在创业板走强这个背景中来。创业板走强是意料之中的事情。在科创板顺利着陆之后，创业板的改革就提上了日程，2020 年是创业板的改革年，创业板注册制改革落地，因此，创业板成为市场的热点是毫无疑问的。

但创业板具体炒作什么呢？科技股是必然的选择。创业板不可能像主板一样炒作蓝筹股，因为创业板中没有像主板中所有的传统蓝筹股，而且主板中的很多蓝筹股价格也都已经被炒高了，继续炒作的空间不大了。所以创业板必须寻找属于自己的炒作题材。

科技股正好是创业板的重要特色，毕竟很多在创业板上市的公司属于这一类型。所以在创业板炒作科技股可以引起群体效应，一呼百应，进而提高市场人气。而且，在科创板上市的科技股，股价大多高高在上，这也为创业板科技股的炒作树立了目标与榜样，给投资者提供了可以想象的炒作空间。

并且，随着社会的发展进步，科技的重要性也越发凸显，科学技术就是生产力，已经不再只是一种口号，而是成了影响人们生活的重要因素。因此，科技股有着广阔的发展空间,有着美好的发展前景。这也赋予了科技股强大的生命力与活力,使科技股的炒作得到市场的响应。科技的重要性不是一时的,而是永久的,如此一来,科技股也就成了资本市场的一个永恒的主题。

也正是因为科技如此重要,所以科技股受到市场的追捧是意料之中的事情。相信市场会经常地炒作科技股,这也是人们愿意接受的。对比近年来资本市场对贵州茅台股票的炒作,虽令其股价长期占据 A 股"股王"的位置,但有舆论质疑、非议对贵州茅台的炒作。因为白酒是致癌物,严重影响国人的身体健康,与健康中国战略相背离。这种炒作是国人健康意识淡薄的表现,也是炒作者"要钱不要命"的表现。面对市场的这种"酒鬼式"的炒作,不少有识之士感慨美股市场对科技股的炒作,认为正是对科技股的炒作支撑了美股市场的 10 年慢牛行情。

A 股市场对创业板以及科技股的炒作,顺应了市场发展需要,也具有较好的群众基础。但这并不代表科技股的未来就一定是一帆风顺的,可以说,这只是未来的发展方向之一。当前 A 股市场对科技股的炒作,更多的是概念上的炒作,而 A 股市场的这种炒作,从来都不是持久的,更不是永恒的,而是投机的,炒作过后,通常会是一地鸡毛。而且 A 股市场虽然科技股甚多,但真正有科技含量的、有核心竞争力的并不多,更缺少美股市场上的苹果、微软、谷歌、亚马逊等龙头科技股。

尽管 A 股市场也在炒作科技股,但要避免画虎不成反类犬。A 股市场还需要更多真正有实力的科技股,尤其是龙头科技股。

11
开户数首破 1.6 亿，意味着什么?

中国证券登记结算有限责任公司（以下简称中国结算）2020 年 2 月 17 日公布的数据显示，A 股市场 1 月新增投资者 80.07 万人，环比减少 1.06%，同比减少 21.79%，期末投资者人数为 16055.30 万人。这也是 A 股市场投资者数量首次突破 1.6 亿。

A 股市场投资者开户数突破了 1.6 亿户，这确实是一个惊人的数据，比很多国家或地区的人口都要多，占据了我国 14 亿人口的 11.43%。正是如此庞大的开户数据，让不少业内人士看到了中国股市的希望，被认为是投资者对股市充满信心的一种表现。

1.6 亿开户数对于 A 股市场来说，确实是得天独厚的巨大资源，这是 A 股市场向前发展的重要保证。这一资源优势是除中国外的任何一个国家都没有的。就连美国股市也是望尘莫及，唯有羡慕的分。比如，美国正在研究新的减税方案，并考虑利用税法鼓励更多美国家庭投资股票。熟悉内情的资深行政官员透露，在白宫考虑提出的减税方案中，将列入激励美国家庭投资股市的优惠，鼓励美国家庭在传统的 401（k）计划①之外进行投资。这一计划就是要让更多的个人加入股票投资者队伍。可以说，这 1.6 亿开户数是美国政府非常羡慕但又不可能实现的。

尽管当下的 A 股市场拥有 1.6 亿开户数这样一个巨大的资源优势，但这并

---

① 401（k）计划指美国 1978 年《国内税收法》新增的第 401 条 k 项条款的规定，1979 年得到法律认可，1981 年又追加了实施规则，20 世纪 90 年代迅速发展，逐渐取代了传统的社会保障体系，成为美国诸多雇主首选的社会保障计划。

不代表投资者对市场的信心增强了不少，或者说是牛市就要来了的标志。毕竟这 1.6 亿的开户数是一个累计数，是中国股市成立 30 余年投资者开户数的总和，而不是近期新增的投资者开户数。从数据来看，A 股市场 2020 年 1 月新增投资者开户数 80.07 万人，环比减少 1.06%，同比减少 21.79%，这个数据实际上并不太乐观。不过，考虑到 1 月春节股市休市，这个数据也是可以接受的。

就开户数来说，累计开户数并不是一个研判股市行情的合适的指标。只有同期或近期的开户数可以作为研判市场行情的参考指标。比如，近期投资者开户数增加，至少表明投资者现阶段看好行情发展，或者看好股市的后市。

但就对市场行情的研判来说，对于投资者，我们更应该重视两个指标：一是投资者的持仓户数，二是活跃投资者户数。虽然投资者开户数达到了 1.6 亿，但这其中有不少是空户、"僵尸户"。如果投资者没有持仓，这样的账户开得再多也是没有意义的；如果不参与交易，即便投资者持有少许的股票，那仍然只是"僵尸户"而已，形成这样的账户很有可能是因为投资者被深度套牢了，实际上也是投资者不看好市场的表现。只有正常进行股票交易的账户，才是推动行情发展的重要力量，这种账户的多少，才是研判市场的重要指标。

但遗憾的是，相关数据并不透明，中国结算并没有进行同步披露。据推算，目前股票交易账户大约为 6000 万户，但这还不是活跃投资者户数，活跃投资者户数应该比此数更少一些。

所以，尽管投资者开户数突破 1.6 亿，意味着 A 股市场的投资者资源又上了一个台阶，但它并不能作为判定投资者信心增强的一个依据。而且投资者开户数突破了惊人的 1.6 亿户进一步表明，A 股市场仍然是一个"散户市"，散户投资者在 A 股市场里仍然占据着绝对的多数。因此，要增强投资者对股市的信心，A 股市场就必须充分保护投资者，尤其是中小投资者的利益，为中小投资者创造一个"三公"的投资环境。

现实情况与此显然还存在着差距，对中小投资者保护不力的问题仍然突出。以 2020 年 2 月推出的再融资新规①为例，一方面在最大程度上照顾了上

---

① 再融资新规是指《关于修改〈上市公司证券发行管理办法〉的决定》《关于修改〈创业板上市公司证券发行管理暂行办法〉的决定》《关于修改〈上市公司非公开发行股票实施细则〉的决定》。

市公司的利益，为上市公司再融资大松绑；另一方面兼顾了战略投资者（也就是机构投资者）的利益，比如给战略投资者 8 折优惠，而且锁定期也缩短到 6 个月。假如股价维持不变，这就意味着战略投资者半年获利率可达 20%以上，年获利率可达 40%以上。放眼当下的中国经济，目前很少有行业能达到这样高的获利率。但中小投资者就没有这样的好运了，弄不好还要为这些战略投资者的获利来买单。因此，面对投资者开户数突破 1.6 亿的事实，A股市场在保护中小投资者利益方面显然还有很长的路要走。

12

不能总是让投资者"哑巴吃黄连"

业绩预告是上市公司信息披露的重要组成部分，在上市公司还没有正式披露定期报告之前对上市公司的业绩进行初步的评估，以此提高上市公司的透明度，提高信息披露的及时性和公平性，以方便投资者做出正确的投资决策。

不过，正因为是一种预告，所以很难保证业绩预告与上市公司的真实业绩完全一致。当前期公布的业绩预告与现在的业绩预期不相符，或业绩预告发布后发生了对业绩有重大影响的事件时，上市公司就需要对此前的业绩预告进行修正。有关统计显示，截至 2020 年 3 月 3 日收盘，沪深两市共 353 家公司发布了 357 份 2019 年年报业绩修正公告，占发布业绩预告公司数量（2295 家）的 15.38%。而在这些修正公告中，有 36 家公司向上修正了原来的业绩预告，约占发布修正公告公司总数的 10.20%；有 80 家公司向下修正了原来的业绩预告，占比约为 22.66%。

上市公司业绩预告与真实业绩之间出现一定的偏差是正常现象，上市公司对业绩预告进行修正也无可厚非。但现实中，原来的业绩预告与当下的真实业绩或业绩预期的偏差太大，有的甚至出现了方向性的错误，这就很难说是正常现象了。如威创股份 2020 年 1 月 31 日发布的《威创集团股份有限公司 2019 年度业绩预告修正公告》，将 2019 年度归属上市公司股东的净利润由盈利 0.79 亿~1.58 亿元修正为亏损 11 亿~14 亿元；再比如 *ST 利源，此前预告 2019 年净利润亏损范围为 15 亿~20 亿元，后修正为预计净利润亏损 55 亿~94 亿元，将此前的亏损额上限提高了 74 亿元。这样的业绩修正是颠覆性的、名副其实的"变脸"行为。

为什么会出现这种业绩预告"变脸"的现象？其中的原因很多，但以下两种需要引起高度关注。

其一，上市公司对业绩预告的披露过于随意草率。上市公司的业绩预告对于投资者来说非常重要，但对于上市公司来说只是一次平常的信息公告而已，它甚至比一般的信息公告还要低微，因为业绩预告可以出错，可以"打补丁"。所以在业绩预告的披露上，一些上市公司很随意。虽然说业绩预告可以存在一定的误差，但出现大幅的误差、颠覆性的误差，甚至是盈亏方向性的业绩"变脸"，显然是由于公司有关人员工作不负责。毕竟上市公司第三季度报告都是在每年的 10 月披露的，公司的年度业绩预告有的是在第三季度报告中披露，有的则是在其后披露。这个时候对公司业绩的预告基本上八九不离十了。哪怕存在商誉计提等事项，作为上市公司也应该做到心中有数。只要公司方面工作严谨一些，有关人员认真负责一些，发布相对精准的业绩预告并不是难事。但正因为没把业绩预告当回事，所以可能导致业绩预告"变脸"。

其二，上市公司对业绩预告"足够重视"，通过业绩预告来操纵股价，为某些利益中人买卖股票提供方便。比如，有的公司明知道公司的业绩是亏损的，甚至是大幅亏损的，但为了配合利益中人进行股票减持或拉高股价出货，就发一个业绩预喜的公告，声称公司盈利或小亏。待利益中人完成股票交易后，再对业绩预告进行修正，进而出现业绩"变脸"的现象——业绩由盈变亏，或由小亏变大亏。这样的业绩预告"变脸"显然很可怕，其实是一种内幕交易。

对于上市公司业绩预告的"变脸"，投资者往往只能"哑巴吃黄连"，有苦说不出。虽然监管部门也会予以关注，出具关注函之类的文件，但这对保护投资者利益并没有太多的帮助。随着新《证券法》的正式实施，这种局面不应该继续下去，而是必须追究上市公司及当事人的责任。

对于上市公司来说，业绩预告存在一定的误差是难免的，但如果误差率达到100%，或者说存在盈亏方向性的巨额误差，显然是不正常的。相关部门可将其纳入虚假信息披露范畴。毕竟，这样的业绩预告不但没有任何的准确性，而且严重误导投资者，甚至会给投资者带来不必要的投资损失。因此，对于这样的业绩预告"变脸"行为，一方面，依法对上市公司做出 100 万元以上 1000 万元以下的处罚，并对直接负责的主管人员和其他直接责任人员给予警告，并处以 50 万元以上 500 万元以下的罚款；另一方面，对于因此给投资者带来损失的，还应赔偿投资者损失，而不能让投资者为上市公司的业绩预告"变脸"来买单。

13

险资增持股票能增强市场投资者的信心吗？

在 A 股市场，险资①一直是资本市场的主力之一。资本市场尤其是管理层对险资寄予了极大的希望，希望险资能进一步提高对股票的投资比例。

主管部门似乎也挺配合。中国银行保险监督管理委员会（以下简称银保监会）副主席周亮就曾表示，下一步将允许符合一定条件的保险公司适度提高权益类资产的投资比重，可以超过 30% 这一上限。2020 年 3 月 25 日，银保监会发布《保险资产管理产品管理暂行办法》。业内人士认为，此举将进一步支持保险资金对接实体经济，引导长期资本参与资本市场。

险资本身似乎也很配合。统计数据显示，截至 2020 年 4 月 1 日，有 711 家 A 股上市公司披露了 2019 年年报，其中险资现身 76 家上市公司前十大流通股股东行列。从持股变动来看，2019 年第四季度，险资增持了 30 家上市公司，集中在银行、非银金融②和生物医药等行业。其中，广晟有色、复星医药、同和药业和上海机场 4 家公司被险资增持数量占总股本的比例超过 1%。

那么，如何看待上市公司年报中险资的动向呢？或者说险资的这些动向能增强 A 股市场投资者的信心吗？我以为，险资的这些动作对 A 股市场的影响还是比较有限的，对于增强投资者信心的作用并不大。

对于险资增持 A 股股票，舆论总是夸张地称为"买买买"，好像险资把 A 股股票都买尽了似的。其实，险资的投资还是很理性的，并不像舆论所称

---

① 险资就是保险资金，泛指保险公司的资本金、准备金。
② 非银金融指的是非银行金融板块，主要包括证券、保险、期货、信托、融资租赁等行业。

的那么冲动，毕竟险资是相对成熟的机构投资者，而且险资需要对客户的资金安全负责。因此，险资并不是 A 股市场上的冒险资金，也不是 A 股市场的平准基金，险资并不需要对 A 股市场的暴涨暴跌负责，这不是险资的使命。

尽管 A 股市场总是盼望险资能够提高对 A 股市场的投资比例，但险资本身只是将其当成耳旁风罢了，听听而已，并不会真的付诸行动。即便有关负责人表示，险资投资权益类资产的占比可以超过 30% 的上限，但终究也不能强制险资把资金投到股票市场中来。银保监会数据显示，2019 年年底，保险资金运用余额突破 18.53 万亿元，投资于股票和证券投资基金 2.4365 万亿元，占比约为 13.15%，较 2018 年年底增长了 5145 亿元，提升了 1.44 个百分点。这里的 13.15% 与 30% 的上限相距甚远。而且，2019 年的投资比例只提升了1.44%，这甚至远低于 2019 年 A 股市场的涨幅。这也意味着险资投资比例的提升，并不是因为新增了投资资金，很大程度上得益于股价上涨带来的市值增加。

而且，即便是险资投资权益类资产的占比提升，也并不代表险资都流向了 A 股市场，很有可能流向了估值更低的香港市场。比如，2020 年第一季度，险资共发生 9 起举牌事件，其中有 7 起发生在香港市场，除了 1 月的 2 次举牌事件发生在 A 股市场，2 月的 3 次举牌事件、3 月的 4 次举牌事件都发生在 H 股。可见，险资投资是有其选择的，并不会被 A 股市场牵着鼻子走，更不会将资金都砸在 A 股市场。

就险资对 A 股市场的投资来说，其实也是中规中矩的。比如，2019 年第四季度，险资的增持主要集中在银行、非银金融和生物医药等行业，这其实并不出乎市场的预料。这些都是确定性比较高的行业。特别是银行股，流通盘大，适合机构投资者进出，而且年终分红的股息率也都很高。这反映出来的是险资在投资风格上相对稳健的一面。

而且，从上市公司年报所反映出来的险资投资动向来看，险资投资并没有太多惊人的举措，其在市场中的表现也较为平静，对 A 股市场投资者信心的影响不大。

14

"1 元股"能一抛了之吗?

2020 年的 A 股市场,在大盘总体平稳的背后,个股表现出了明显的两极分化走势:一方面,以贵州茅台为代表的一批核心资产受到机构投资者的追捧,股价越走越高;另一方面,一些低价股遭到市场的遗弃,股价越走越低。截至 2020 年 5 月,市场上的"1 元股"已超过 110 只,一批个股已进入或逼近面值退市状态。

对于投资者来说,如果能够抱住核心资产的大腿,当然是一件很幸运的事情。但更多的中小投资者需要面对的是低价股的持续下跌问题。因为中小投资者往往图便宜,所以低价股通常是中小投资者的最爱。如今,低价股价格持续下跌,甚至掉进面值退市的深坑,中小投资者成了最大的受害者。

应该说,目前 A 股市场的这种走势显然是扭曲的。虽然有人将这种现象看作价值投资,但这显然是对市场投机炒作行为的美化。一方面,被炒高的核心资产的投资价值越来越低,对核心资产的炒作实际上也是投机炒作,无非是为了赚取市场的差价,只不过这种炒作有一块遮羞布,即以价值投资的名义进行。另一方面,低价股价格越走越低,不排除有的公司具有投资价值,其股价的走低有错杀的可能。

正因如此,如何对待"1 元股",就成了投资者需要正视的问题。面对资本市场的这种分化走势,对"1 元股"一抛了之成了不少投资者的选择。投资者如果能够做到这一点,当然也是值得肯定的。因为股票投资需要顺势而为,既然市场两极分化,投资者只能尊重市场,顺应市场,逆市场而行只会让投资者付出更惨重的代价。

当然，市场上也有"人弃我取"的说法，但在现今的市场环境下，这样做的风险很大。现今的低价股，尤其是"1 元股"，基本上已被市场抛弃了，至少是被机构投资者抛弃了。要做到"人弃我取"，投资者需要承担的是"1 元股"可能退市的风险。因为当股票的价格连续 20 个交易日低于 1 元面值时，股票就会被退市。因此，这类股票的投资者未必有足够长的时间来耐心持股，稍不留神，或许你"取"进来的股票就被退市了。

当然，在低价股甚至是"1 元股"中不排除有被错杀的股票。对于这种股票，投资者可以用"长期跟踪"来代替"长期拥有"。因为"长期拥有"有可能让你掉进面值退市的泥潭，但"长期跟踪"则可以避免面值退市带来的风险。当你跟踪的股票在底部企稳，甚至开始放量走高时，再跟进也不迟。值得注意的是，投资者跟踪的股票，应该是基本面没有问题的股票，如果基本面存在较大的问题，或是连续亏损，这样的股票还是不介入为宜。

此外，对于持有"1 元股"的投资者来说，有必要学会用法律保护自己的合法权益。因为不少"1 元股"的基本面存在问题，对于其中的某些股票，投资者是可以向其索赔的。投资者如果持有这种可以索赔的股票，一定要珍惜自己的索赔权利，依靠法律手段减少自己的投资损失。

15

优化编指方法无法带来股指上涨

　　滞涨是 A 股市场非常突出的问题。有人将 A 股指数滞涨的原因归结到了上证指数失真的头上，认为指数的失真导致 A 股市场的实际涨幅被低估。于是，在 2020 年全国两会上，有委员和代表建议，优化沪指的编制方法，以解决 A 股指数长期滞涨的问题。

　　目前的 A 股指数问题，主要指的是上证指数滞涨。所以，委员、代表提议优化沪指的编制方法，认为解决了上证指数的滞涨问题，A 股指数的滞涨问题自然也就不复存在了。

　　上证指数的滞涨问题是非常明显的。比如，早在 2007 年 1 月，上证指数就站上了 2800 点，13 年过去了，上证指数仍然站在 2800 点附近，是名副其实的"十年如一日"，堪称"稳如磐石"。但对于投资者来说，指数不上涨，意味着缺少赚钱的机会。而从宏观角度来看，这 13 年来，国民经济取得了长足的发展，其中还包括中国经济发展的"黄金 10 年"，但股市裹足不前，股市显然没有扮演好国民经济"晴雨表"的角色。于是，指数失真的问题就被推向了前台。

　　上证指数的失真问题是客观存在的。这是因为在上证指数中，以五大行（中国工商银行、中国农业银行、中国银行、中国建设银行、交通银行）为代表的银行股以及"两桶油"（中国石油、中国石化）占据了较大的权重，而且银行股、"两桶油"缺少相应的炒作题材，从而导致权重股缺少必要的活力。尤其是在市场炒作各种题材股的时候，尽管题材股的炒作如火如荼，但对指数涨跌的影响不大，以致"轻大盘、重个股"成了 A 股市场的流行色，这其实就是指数失真问题的一种表现形式。

　　A 股市场指数失真的问题确实需要得到正视并加以解决，因此，对指数的编制方法加以优化是有必要的。不过，对 A 股市场来说，不能把股指上涨的希望寄托在优化编指方法上，这是很不现实的。

　　虽然 A 股市场的指数失真是现实问题，但 A 股指数的滞涨显然不是由指数失真造成的。A 股指数为什么不涨？至关重要的一点在于，A 股市场是一个融资市场，融资功能是股市最主要的功能，正是由于 A 股市场对融资的重视，所以这十几年来，A 股市场并没有纵向发展，而是横向发展。

　　上证指数徘徊在 2800 点附近，甚至还不到顶峰期 6124 点的半山腰位置。上证指数创下 6124 点的历史高位时（2007 年 10 月 16 日），A 股市场的上市公司约为 1500 家，A 股的总市值也只有 32.7 万亿元左右。但截至 2020 年 12 月 31 日，A 股市场的上市公司已经超过 4100 家，股票总市值接近 80 万亿元。因此，这 13 年来，A 股市场横向发展所取得的成就是相当辉煌的。指数不涨只是一个假象，在指数不涨的背后，是 A 股市场上市公司数量的大幅增加，是 A 股市场市值的大幅增加。这其实也正是导致 A 股指数不涨的重要原因。

　　所以，A 股市场指数不涨的问题，显然不是优化指数编制方法就可以解决的，那不过是自欺欺人罢了。显而易见的是，深证成指是完全独立于上证指数的，不受五大行与"两桶油"的影响，但目前的深证成指同样也只是处于 2007 年历史最高指数的半山腰位置。所以，优化指数编制方法并不能解决 A 股指数不涨的问题。要解决 A 股指数不涨的问题，关键还是要解决 A 股市场的实际问题。比如，重融资、轻投资的问题，股权结构不合理的问题，投资者利益得不到有效保护的问题等。这些问题得不到有效的解决，A 股市场就很难有持续稳定的上涨行情。

　　单就 A 股指数来说，虽然存在失真问题，但对 A 股市场还是有巨大贡献的。一是有利于维稳，在指数动荡的情况下，护盘资金只需要守住几大权重股，A 股大盘也就稳定了。实际上，这也正是 A 股市场最近数年一直都能够保持稳定的重要原因。二是有利于新股发行。新股发行通常被市场认定为利空，但由于有了护盘资金的护盘，指数也就稳定了，新股发行就可以畅通无阻了，而这一点对于 A 股市场来说是至关重要的。

16

散户不是 A 股市场"牛短熊长"的"替罪羊"

在 2020 年第十二届陆家嘴论坛上，上海证券交易所理事长黄红元的一则观点受到了市场的极大关注。黄红元表示，对整个市场而言，A 股市场以散户为主的投资者结构是市场"牛短熊长"①、大起大落、恶性炒作、停发新股现象频发的基本原因。此话一出，顿时在投资者中间炸开了锅。

A 股市场"牛短熊长"、股市大起大落、市场恶性炒作现象严重、停发新股现象频发，确实是很大的弊端。与此同时，A 股市场是一个"散户市场"也是事实。数据显示，截至 2020 年 5 月末，A 股市场投资者开户数已经达到 1.66 亿户，投资者的开户数比世界上绝大多数国家的人口总数还要多。

那么，A 股市场"牛短熊长"现象是由散户太多造成的吗？这个推论显然难以令人信服。实际上，这二者之间并没有必然的联系。

A 股市场之所以"牛短熊长"，归根结底在于 A 股市场本身缺少真正有投资价值的优秀公司，而平庸公司、垃圾公司太多，以至于股票还没炒作多久，股票的市盈率就站在了很高的位置上。以创业板为例，这是 2020 年 A 股市场引以为豪的一个板块。但现在创业板股票的平均市盈率已经高达 50.68 倍（截至 2020 年 6 月 19 日），远远超过了已经走出 11 年牛市行情的纳斯达克指数的平均市盈率水平（同期为 33.5 倍）。虽然现在上证指数的平均市盈率水平并不高，只有十几倍，但这主要还是由于银行股的市盈率水平较低。除了银行股等少数公司的股票，大多数公司股票的市盈率水平都不低，有的甚至

---

① "牛短熊长"指股市牛市短，熊市漫长。

处在较高的位置上。

正是由于上市公司本身缺少相应的投资价值，所以，A股的上涨行情很难有较好的持续性，涨的时间越久，股票的投资风险就越大。在这种情况下，投资者当然需要规避投资风险，股价因此而下跌，甚至是长期下跌，这正是理性的表现。相反，明知股票的投资风险很大，还要进行持续的炒作，让股市走出"熊短牛长"的行情，那才是疯狂的、非理性的。而上市公司质量不佳的问题，显然不是由散户造成的。因此，上市公司质量不佳的责任不能推到散户的头上，不能让散户来背这个"黑锅"。

与此相对应的是，正是由于上市公司缺少投资价值，所以，投资者要在这个市场中生存下去，就只能靠投机炒作在二级市场上赚取差价，这就导致了恶性炒作的出现，产生了股价与指数的大起大落。而且，这种股价炒作的主要力量在于机构投资者，而不是散户。毕竟单个散户的资金是有限的，而群体散户的力量又是分散的，并不能对股价的涨跌起到决定性的作用。所以这个"锅"散户同样背不起。

新股停发也不是散户可以决定的，这实际上是管理层决定的，并且通常都是股市处于低迷时，或处于危急时才采取的举措，与散户并没有太大的关系。进一步说，如果大量的垃圾公司能够顺利上市，这样的新股发行制度本身是值得反思的。阶段性叫停也是有必要的。但遗憾的是，虽然有时新股停发了，但新股发行制度的实质性问题并没有得以纠正。

正因如此，散户显然不是A股市场"牛短熊长"的"替罪羊"。尤其是对于管理者来说，更不能把这个"锅"甩给散户。这不仅对中小投资者不公平，更不利于解决A股市场存在的问题，进而妨碍A股市场健康发展。因此，A股市场上各种"甩锅"散户的做法可以休矣！

17

新三板精选层开板，"新股不败"神话缘何破灭？

2020 年 7 月 27 日是新三板精选层开板的日子。A 股市场流行的"新股不败"神话在精选层大面积破灭。精选层挂牌交易首日，在 32 只新股中，上涨的股票只有 10 只，涨幅最大的是 N 同享，涨幅为 55.40%；涨幅最小的是 N 生物谷，涨幅仅为 0.29%。而下跌的股票多达 21 只，其中有 4 只股票的跌幅超过 20%。只有 1 只股票 N 创远以发行价收盘。

精选层新股的这种走势有些令人意外。毕竟 A 股市场"新股不败"的神话经过了时间的考验，即便出现新股上市首日破发现象，也是极个别现象。正是基于"新股不败"的神话，A 股市场的投资者才在打新路上勇往直前，"逢新必打"，从而使 A 股市场新股发行长盛不衰。哪怕股市行情低迷，新股发行仍旧火爆。

但精选层开板首日就给 A 股市场的"新股不败"神话泼了一盆冷水，这对精选层打新者来说是一个打击，同时也给这些打新者上了一堂风险教育课，提醒投资者：精选层不同于 A 股市场，在精选层打新的风险远远高于在 A 股市场打新的，参与精选层打新，投资者更要有风险意识。

为什么在 A 股市场盛行了 30 余年的"新股不败"神话在精选层就行不通了呢？究其原因，主要有以下两方面。

一方面，精选层的新股与 A 股市场的新股是两个不同的概念。A 股市场的新股发行是真正的新股发行，所发行的新股也是真正的新股，新股是没有包袱的，至少在新股上市的时候，交易的股票就是发行的新股，投资者的最低持股成本就是新股的发行价格，这些都是一目了然的。

但精选层的新股显然不同于 A 股市场的新股。精选层的新股发行实际上相当于 A 股市场的新股增发。因为入选精选层的这些公司原本就在新三板挂牌交易，发行的这些新股是为了入选精选层而向社会公开发行的，相当于向社会公开增发。除了这些公开增发的新股，还有大量原本在新三板创新层挂牌交易的股票，它们一并入选精选层交易。所以精选层的新股背后拖着一堆老股。而这些老股的持有成本有可能很低，只是因为入选精选层的预期，所以股价被市场炒高了。

正是这些老股的存在和股价的大幅推高，给精选层发行的新股带来了巨大的投资风险。精选层新股的发行价格是在参考其在新三板挂牌的市场价的基础上确定的，这些股票的市场价已处于高位，因此，打新精选层新股就相当于在高位买入，其风险自然很高，而参与炒新，更是相当于高位接盘。如此一来，在精选层打新与炒新的风险远高于在 A 股市场的风险是显而易见的。"新股不败"神话在精选层破灭也就不足为奇了。

另一方面，"新股不败"神话在精选层破灭，与精选层的投资者门槛设置较高有很大的关系。A 股市场对投资者基本上没有设置门槛，所以 A 股市场的个人投资者很多，在"新股不败"神话的刺激下，这些个人投资者会争相涌入，形成很大的承接盘，这就促使新股上市后能够不停地上涨。

精选层对投资者设置的门槛是 100 万元的资产市值，这基本上就把中小投资者排除在了精选层之外，能参与的投资者数量大约为 200 万户。因此，精选层总体上是以机构投资者为主的市场。机构投资者比个人投资者更加理性，所以精选层新股挂牌就会面临承接能力不足的问题，只有那些定价相对合理的股票才会被市场看好，而定价偏高的股票，股价会下跌。在精选层，新股挂牌遭到爆炒的现象不会成为普遍现象。

打新有风险，这一点在精选层得到了较明显的体现。

第二部分
大势研判篇

PART 2

01

未来 10 年 A 股 "长牛慢牛" 只是美好愿望

虽然 A 股市场的投资者总体上还是不太成熟，但一些市场人士越来越 "目光远大" 了。安信证券首席经济学家高善文于 2021 年 6 月 22 日在演讲中称，A 股市场未来 10 年会好得多。2021 年 6 月 28 日，前海开源荣誉董事长王宏远发表主题演讲，称中国股市未来 10 年 "长牛慢牛" 是大概率事件，寄希望于 "快牛疯牛" 是不切实际的预期。王宏远认为，未来 10 年，中国资本市场将全面走赢国际市场，"进二退一" 式的 "长牛慢牛" 行情将会是未来 10 年中国资本市场的新常态。

王宏远给未来 10 年的中国股市描绘了一幅美好的蓝图。未来 10 年，中国资本市场走赢国际市场，并且走出 10 年 "长牛慢牛" 的走势，也是 A 股市场投资者的美好愿望。但愿这幅美好的蓝图变为美好现实。

寄希望于 "快牛疯牛" 确实是不切实际的预期。一方面，2014 年到 2015 年的 "疯牛" 行情给市场留下了惨痛的教训，这种 "疯牛" 行情不仅让投资者心有余悸，而且是管理层要重点监控与防范的。另一方面，随着市场规模的扩大，市场要走出 "快牛疯牛" 的行情成为越来越困难的事情。所以，A 股市场走出 "快牛疯牛" 行情的概率越来越小，几乎成了市场的共识。但未来 10 年，A 股市场走赢国际市场，走出 "长牛慢牛" 行情也不是一件容易的事情，能否做到，只有时间才能给出答案。

王宏远之所以认为未来 10 年中国资本市场将全面走赢国际市场，其中一个很重要的原因是美国股市涨幅很大，且资产泡沫较大。就涨幅而论，美国股市走了 12 年牛市行情，其涨幅确实很大，这是客观事实。就美股市场的泡沫来说，确实不小。但仅以股市而论，与美股市场相比，A 股市场同样存在不小的泡沫。如截至 2021 年 6 月 25 日，美国道琼斯工业指数股票平均市盈率为 29.5 倍；纳斯达克综合指数股票平均市盈率为 40.4 倍；而当天深市股票的平均市盈率达到了 31.42 倍，其中创业板股票平均市盈率达到了 58.85 倍。因此，与美股相比，A 股的市盈率水平并不低。实际上，正是因为 A 股的市盈率水平与美股相比不低，所以一些在美上市的中概股争相回到国内市场上市。因此，很难以资产泡沫为由，推出未来 10 年中国资本市场将全面走赢国际市场。

王宏远认为中国股市未来 10 年可以走出"长牛慢牛"行情的一个理由是，有序引导几十万亿元居民存款逐步进入资本市场是各方共同期待的多赢成果。但是，只有以注册制估值水平进入资本市场，才有利于数十万亿元居民存款获得长期稳定的财产性收入，推进中国转变为以国内消费为主的国家，有利于中国实现共同富裕。

王宏远无疑是给市场画了一个饼。其实，居民存款进入资本市场的话题，已经是老生常谈了。差不多在 20 年前，时任中国人民银行行长的戴相龙就提出了 8 万亿元储蓄进股市的话题。从此，居民存款进股市就成了 A 股市场画的一个巨大的饼。而随着时间的流逝，这个饼也是越画越大，从当时的 8 万亿元到如今的几十万亿元。但这归根结底是对投资者的忽悠。

至于"只有以注册制估值水平进入资本市场，才有利于数十万亿元居民存款获得长期稳定的财产性收入"，同样是忽悠。从率先实行注册制的科创板来看，注册制估值水平其实就是高估值水平。一些企业争相到科创板上市，为的就是以更高的市盈率发行。如果居民存款为这种高估值发行的股票接盘，要获得长期稳定的财产性收入将是比较困难的事情。所以，王宏远的这个说法不太靠谱。对此，投资者需要理性判断。

因此，中国股市未来 10 年走出"长牛慢牛"行情是一个美好的愿望，就现状来看，这一愿望显然只是空中楼阁，还缺少坚实的基础。所以，对于一些业内人士对未来 10 年中国股市的展望，投资者别信以为真，要客观理性对待。

02

"双减"《意见》出台，教育类上市公司走向何处？

继 2021 年 7 月 23 日在美国上市的中概股中的教育类股票价格暴跌之后，2021 年 7 月 26 日，不论是在 A 股市场还是在港股市场，教育类上市公司股价大多出现大幅下挫的走势，如全通教育的跌幅超过 15%，中公教育、学大教育、昂立教育等股票跌停。

教育类股票遭遇重挫，当然不是无缘无故的，它很明显与 2021 年 7 月 24 日《关于进一步减轻义务教育阶段学生作业负担和校外培训负担的意见》（以下简称"双减"《意见》）的发布有着很大的联系。根据"双减"《意见》，各地不再审批新的面向义务教育阶段学生的学科类校外培训机构，现有学科类培训机构统一登记为非营利性机构。对原备案的线上学科类培训机构，改为审批制。各省（自治区、直辖市）要对已备案的线上学科类培训机构全面排查，并按标准重新办理审批手续。未通过审批的，取消原有备案登记和互联网信息服务业务经营许可证（ICP）。

尤其重要的是，"双减"《意见》规定，学科类培训机构一律不得上市融资，严禁资本化运作；上市公司不得通过股票市场融资投资学科类培训机构，不得通过发行股份或支付现金等方式购买学科类培训机构资产；外资不得通过兼并收购、受托经营、加盟连锁、利用可变利益实体等方式控股或参股学科类培训机构。已违规的，要进行清理整治。

就教育本身与减负来说，这个规定显然是正确的。因为学科类培训机构如果追逐营利的话，必然会增加收费，会给学生家庭增加负担。而这样的机构如果上市的话，也必然会追逐营利，就不可能是非营利机构。因为资本是逐利的，而且资本追求的还是高回报，尤其是短期的高回报，这本身是对教育规律的破坏。因此，"双减"《意见》做出上述相关规定是很有必要的，也是有针对性的。

对于相关的上市公司来说，"双减"《意见》却给了它们当头一棒。因为作为教育类上市公司，它们大多从事 K—12 教育，即学前教育至高中教育，即它们是学科类培训机构，公司的盈利主要来自各年龄段的学生。但如果将学科类培训机构登记为非营利性机构，显然动摇了上市公司的根本。

更何况"双减"《意见》明确规定，学科类培训机构一律不得上市融资，上市公司不得通过股票市场融资投资学科类培训机构。这直接击中了一些教育类上市公司的命门。尤其是"双减"《意见》强调，已违规的，要进行清理整治。很显然，目前涉及学科类培训的上市公司，都属于被清理整治的范畴。而清理整治的结果是将学科类培训业务从上市公司业务中剥离出去，学科类培训机构要统一登记为非营利性机构。这意味着这类公司放弃了一块大蛋糕。这对于公司业绩的影响是巨大的。因此，相关教育类公司的股价出现大跌是意料之中的事情。

那么，放弃了学科类培训业务之后，相关教育类上市公司将走向何处呢？这对于这些公司来说确实是一个困难的选择。虽然"双减"《意见》提到，可适当引进非学科类校外培训机构参与课后服务，但课后服务的收费相对来说较低，很难与学科类培训业务相提并论。因此，向非学科类培训机构转变，未必是这类公司的普遍性选择。所以，除非有相应的资源优势和优越的先天性条件，不然，这类公司恐怕很难再端"教育"的饭碗了。当然，那些具有相应资源与条件的公司，可以发挥自身优势，从事职业教育、特长教育等方向的教育。

不过，对于部分教育类上市公司来说，"跨界"或许也是一个主动性选择。毕竟上市公司具有融资方面的优势，可以通过并购与资产重组进入其他领域，从而逐步与教育类公司告别。对于有一定实力的教育类上市公司来说，这无疑是一个很好的选择。

当然，对于实力相对较差的公司来说，恐怕只能寻找被别人收购的机会了。毕竟，上市公司的壳资源或多或少还有一定的价值。如果收购的条件合适，收购方愿意向公司注入优势资产，也可以推动公司转行，从而被动"跨界"。当然，对于一些财务状况不佳的公司来说，如果壳资源得不到市场的认同，没有人愿意收购，那么等待这类公司的将是退市的命运了。

03

创业板指数超越上证指数恐成常态

对于创业板来说，2021 年 7 月 13 日是具有历史性意义的一天。当天早盘，创业板指数一度达到 3560.88 点，历史上首次超越上证指数。虽然随后创业板指数出现回落，但创业板指数在盘中历史性超越上证指数还是受到了市场的关注。

上证指数与创业板指数是目前 A 股市场的两大重要指数。其中，上证指数反映的是沪市股票的运行情况，创业板指数反映的是深市创业板股票的走势情况。上证指数推出的时间远远早于创业板指数的，因此，上证指数一直高于创业板指数。如 2010 年 6 月 1 日创业板发布的基准指数是 1000 点，但当时上证指数已达到了 2598 点。2015 年"疯牛"行情时，上证指数最高达到 5178 点，创业板指数最高为 4037.96 点，创业板指数比上证指数低 1140.04 点。正因如此，创业板指数首次历史性超越上证指数，无疑是 A 股市场的一件大事。

那么，应该如何看待创业板指数对上证指数的首次超越呢？这其实是必然的，而且会成为常态，甚至创业板指数还会把上证指数远远地甩在身后。

何出此言？这是由两大指数运行的趋势决定的。比如，上证指数最近 10 余年一直在 3000 点附近徘徊，给投资者的感觉是上证指数老化了，涨不动了。

与上证指数的滞涨不同，创业板指数表现出了勃勃生机。10 年前，创业板指数在 1000 点附近，如今已上涨到了 3500 点附近，涨幅达到了 250.00%。因此，按照创业板指数的这种发展趋势，创业板指数超越上证指数是很正常的，而且这种超越会成为常态，甚至创业板指数将长期凌驾在上证指数之上。

这是趋势的力量决定的。在这种趋势的背后，当然还隐藏着更深层次的原因。

首先，随着 A 股市场的扩容，上证指数的肚子越来越大，越来越重，因此，其上涨的步履变得格外沉重。毕竟上证指数几乎包括了沪市的全部上市公司，只有极少数不符合入选条件的上市公司被排除在外。与上证指数相比，创业板指数的体量显然要小很多。因此，创业板指数比上证指数要灵活、轻便很多。截至 2021 年 7 月 12 日，沪市上市公司为 1941 家，流通市值为 40 万亿元，而创业板上市公司只有 984 家，流通市值只有近 9 万亿元，流通市值不及沪市的四分之一。因此，上证指数与创业板指数完全不是一个重量级的。

其次，上证指数在一定程度上代表传统经济，而创业板指数在一定程度上代表新经济。在目前宏观经济的背景下，一些新兴产业公司、新经济公司显然更有生机活力，这也是创业板指数比上证指数更显活力的重要原因。比如，在创业板上市的宁德时代，因为新能源概念，近年一直处于市场的风口之上，股价也走出了大牛市行情。目前，宁德时代不仅是深市市值最高的公司，就算在整个 A 股市场，也是市值第三高公司（截至 2021 年 7 月 31 日）。宁德时代股价的上涨，有力地推动了创业板指数的上扬。可见，新经济公司赋予了创业板指数活力，这是上证指数所欠缺的。

最后，与新经济公司推动创业板指数上扬形成鲜明对比的是，上证指数权重股滞涨影响上证指数上涨。正如前文所言，上证指数在一定程度上代表了传统经济，传统类型的上市公司的股价基本上都是滞涨的。权重股滞涨，上证指数要想上涨，自然是非常困难的。因此，上证指数被创业板指数超越就显得很正常了，而且是必然的趋势。

04

外资的"口味"发生改变，说明了什么？

自从内地、香港两地股市互联互通以来，以北向资金①为代表的外资动向就一直是 A 股市场投资者关注的一个焦点。高盛的研究显示，2021 年上半年北向资金规模创出新高，而且外资的"口味"已经发生了变化。

高盛的数据显示，2021 年年初至 2021 年 6 月 28 日，北向资金净流入总额已达到 330 亿美元，较上年同期高出 95%，超过 2020 年全年总额 310 亿美元。与此相对应的是，外资在 A 股市场中的持股比例也再创新高，目前已升至纪录高位 4.5%，高于 2019 年年底的 3.6%，几乎是 2014 年 11 月沪港通开通时的 3 倍。

不仅如此，北向投资者的股票偏好也发生了变化，对 A 股市场中的成长股（而非价值股）存在明显的偏好。2021 年上半年，北向资金主要集中在中盘股、成长型股、创业板股（科技股、工业科技股）和金融股。而部分蓝筹股（必需消费品股、医疗股）的资金流入显著放缓。

北向资金流入规模创出新高，其实并不令人意外。随着 A 股市场对外开放的持续深入，越来越多的外资流向 A 股市场是正常的。与之相对应的是，外资在 A 股市场中的持股比例也会逐步提高。

2021 年上半年，北向资金流入速度加快至少有以下三个方面的原因。一是看好中国经济，毕竟 2020 年中国是世界主要经济体中唯一实现经济正增长

---

① 在中国股市中，一般"北"指的是沪深两市的股票，"南"指的是香港股票。因此，北向资金就是指从香港股市流入大陆股市的资金，北向资金也称北上资金。反之，称南下（向）资金。

的国家，中国经济的发展经受住了新冠肺炎疫情的考验。二是2月下旬A股市场行情的调整，给外资提供了一个难得的低吸机会。在这波调整中，虽然大盘指数的跌幅只有10%左右，但不少个股的跌幅甚至达到了30%。对于看好中国经济的外资来说，这次A股市场的调整堪称难得的机会。三是2021年上半年人民币的加速升值，加快了外资流向A股市场的进程。

北向资金流入规模创新高并不令人意外，让市场倍感兴趣的是外资"口味"的变化。一直以来，外资以价值投资著称，投资的标的集中于蓝筹股。实际上，最初有一个说法，A股市场对外开放就是引进外资，引入价值投资理念，让外资来教会A股市场的投资者如何进行价值投资，进而使A股市场的投资者早日走向成熟。

但目前外资"口味"的改变似乎颠覆了A股市场投资者对外资的认知以及对价值投资的认知。高盛的研究发现，中盘股、成长型股、创业板股（科技股、工业科技股）、金融股成了北向资金的主要目标，而部分蓝筹股（必需消费品股、医疗股）的资金流入显著放缓，甚至有的蓝筹股还遭到外资的减持。这显然与A股市场投资者以前对外资以及价值投资的认识不符。

那么，外资"口味"的改变说明了什么？

实际上，外资"口味"的改变并不是对价值投资理念的否认，而是告诉A股市场的投资者什么是真正意义上的价值投资。虽然对于A股市场的投资者来说，每每提起价值投资就会想到蓝筹股，但实际上，价值投资并不限于蓝筹股，蓝筹股只是价值投资的一个标的而已。价值投资的核心并不在于买进什么股票，而在于所买进的股票是否具有价值。由于过去蓝筹股一直是A股市场中最具投资价值的品种，所以，人们很自然就将价值投资与蓝筹股联系在了一起。但实际上，不论是中盘股、成长型股，还是创业板股，只要其有着内在的价值，它们就是价值投资的标的。

正因为价值投资的核心在于价值，所以买进蓝筹股也不一定就是价值投资。当蓝筹股具有投资价值的时候，买进蓝筹股就是价值投资。但当蓝筹股的股价被炒到了历史高位，已经透支了上市公司投资价值的时候，买进蓝筹股就不是价值投资了。此时，外资选择退出蓝筹股，反而是符合价值投资理念的。这也就是外资放缓流向甚至抛售某些蓝筹股的原因。

当然，外资"口味"的改变也表明，随着 A 股市场对外开放的深入，外资也越来越熟悉 A 股市场，越来越熟悉 A 股市场中的上市公司。买进蓝筹股是外资进入 A 股市场后最直接的选择，毕竟蓝筹股是摆在明处的白马股，外资买进蓝筹股可以在很大程度上避免因不了解上市公司而踩雷。但当外资越来越熟悉 A 股市场中的上市公司后，其投资的范围自然也会拓宽，中盘股、成长型股、创业板股等都可能成为外资的投资标的。

05

俄公司来中国交易所上市的可能性有多大?

由于欧美对俄罗斯实施制裁,俄罗斯在境外上市的公司也面临着被封杀的风险。若果真如此,俄境外上市公司就面临生存危机了。

俄境外上市公司将去往何处?为此,俄罗斯自由媒体网 2022 年 3 月发表文章建议,俄公司可以转到真正的友好国家。为此,俄媒首先提到的就是中国的交易所。俄媒称,目前,中国的证券交易市场发展势头强劲,已有香港、上海、深圳、北京 4 家交易所,并且澳门的交易所很快也会开市。

中国证券市场的发展确实令外国人羡慕。目前,中国 A 股市场已发展成为全球第二大资本市场,仅次于美国股市。所以,俄上市公司在受到西方打压的情况下,将目光投向中国股市并不令人意外。更何况目前在世界上,中国也是少数值得俄罗斯信赖的友好国家之一。

不过,就俄公司来中国上市一事来看,港交所或许是一个可能的选择。毕竟香港股市是一个真正的国际化的市场,可以接纳世界各国公司在港交所上市。在这方面,中国香港地区的法律与制度都是相对成熟的,只要俄公司满足港交所的上市条件,俄公司选择到港交所上市基本上是可行的。至于俄公司到中国的 A 股或北交所上市,目前还不具备条件。主要存在以下几个方面的障碍。

其一,存在法律上的障碍。因为《中华人民共和国公司法》(简称《公司法》)第二条明确规定,本法所称公司是指依照本法在中华人民共和国境内设立的有限责任公司和股份有限公司。这就意味着不是在中国境内设立的公司不属于《公司法》所指的公司范畴。而《证券法》遵循的是《公司法》的规定，这意味着非中国境内设立的公司不能在沪深交易所及北交所上市。

其二，对于境外公司来 A 股市场上市，目前 A 股市场存在制度上的空白。因为境外公司来 A 股市场上市涉及跨境监管等一系列问题。虽然此前，上交所曾计划推出国际板来应对外国公司上市，但正由于法律上的障碍及制度上的空白，所以国际板迄今尚未面世。这同样也是妨碍俄公司来 A 股市场上市的重要因素。北交所成立时间较短，更加缺乏这方面的制度。

其三，俄公司如果来 A 股市场上市，投资者保护的短板将会表现得更加突出。投资者保护是 A 股市场的一个短板，即便目前 A 股市场只有国内的企业上市，投资者保护的问题尚且得不到有效的解决，投资者的利益一再受到损害。如果允许外国公司来 A 股市场上市，投资者保护的问题将变得更加复杂，更加不好解决了。

此外，目前 A 股市场并不缺少上市资源，面对国内企业上市，A 股市场的压力不小，还没有太多的精力来应对包括俄公司在内的外国公司的上市。据统计，目前 A 股市场排队上市的企业已超过 800 家了，这基本上可以满足 A 股市场 2 年的 IPO 需求。同时，目前中概股在美国市场遭到打压，不少中概股有回国上市的需求，这也是 A 股市场需要考虑的。所以，迎接外国公司来 A 股市场上市并不是目前 A 股市场考虑的主要问题。A 股市场目前的主要任务是满足中国企业的上市需求，并做好相应工作。正因如此，俄公司如果选择来中国交易所上市，港交所将是其首选。

06

迎接三大电信运营商"会师"
是 A 股市场的历史使命

2021 年 8 月 20 日是中国电信在 A 股市场上市的日子。这对于 A 股市场来说，无疑具有重要意义。虽然中国电信在 A 股市场上市后，其股价还有一个市场定位的过程，但对于 A 股市场来说，中国电信能成功登陆 A 股市场，本身就是一件非常有意义的事情，意味着三大电信运营商在 A 股市场"会师"向前迈出了重要一步。

迎接三大电信运营商"会师"是 A 股市场肩负的历史使命。本来，由于历史的原因——A 股市场起步晚、接纳能力有限，三大运营商都选择在美国股市以存托凭证的方式上市，三大运营商只有中国联通一家在 A 股市场上市。然而，近年来，美国政府对中国重点企业排斥与打压，甚至美国股市也排斥这些中国企业，以至 2021 年 5 月，三大电信运营商被迫从美国股市退市。由于 A 股市场一直肩负着服务实体经济的使命，如此一来，迎接三大电信运营商"会师"的使命，就责无旁贷地落在了 A 股市场的头上。

中国联通原本就已经在 A 股市场上市，因此，A 股市场迎接三大电信运营商"会师"，关键是要迎接中国电信与中国移动回归。正因如此，中国电信 8 月 20 日正式登陆 A 股市场，对于国内资本市场来说是一件非常有意义的事情。毕竟这意味着国内三大电信运营商已有两大电信运营商落户 A 股市场，对于 A 股市场来说，这无疑是值得庆贺的。

而且尤其重要的是，在中国电信正式登陆 A 股市场之后，三大电信运营商在 A 股市场"会师"的日子已经不远了。因为就在中国电信在 A 股市场上市的前2天，也就是2021年8月18日，证监会官网披露了中国移动的招股说明书（申报稿）。中国移动招股说明书（申报稿）显示，中国移动拟公开发行不超过9.65亿股A股。如此一来，一旦中国移动正式在A股市场上市，三大电信运营商就在A股市场"胜利会师"了。

迎接三大电信运营商"会师"也是A股市场的一份荣耀。因为这是A股市场走向强大的标志，意味着A股市场接纳能力的提高，意味着A股市场真正成了中国企业的坚强后盾。无论是中国电信还是中国移动，其IPO融资金额都不是小数目，如果是在以前，它必然会给A股市场带来巨大的震荡。但如今中国电信在A股市场上市，并没有掀起波澜。这正是A股市场接纳能力提高的表现，是A股市场走向强大的表现，也意味着A股市场竞争力的增强。不仅如此，三大电信运营商"会师"，对于A股市场本身来说也是有积极意义的。

首先，三大电信运营商"会师"有利于提高A股市场中上市公司的质量。中国电信与中国移动是国内的航母级别的公司。2020年，中国电信的年度利润达到208.50亿元，中国移动2020年的利润更是高达1078亿元。因此，两家公司在A股市场上市，对于改善A股市场上市公司的总体质量有着积极意义。

其次，三大电信运营商在A股市场"会师"有利于A股市场稳定发展。一方面，中国电信与中国移动作为航母级别的公司，业绩优秀，这本身就能对公司的股价起到积极的支撑作用；另一方面，中国电信与中国移动作为两家航母级别的公司，登陆A股市场后理所当然地成为A股市场的权重股，这也意味着A股市场又多了两艘航空母舰，多了两根定海神针。这对于维护A股市场的稳定发展显然是有积极意义的。

最后，三大电信运营商在A股市场"会师"也为A股市场投资者，尤其是机构投资者提供了优质的投资标的。以前，中国电信与中国移动在美国上市，国内投资者不便于投资，国内的投资者难以分享这两家公司的成长成果。投资者只能做这两家公司的顾客，却不能做它们的股东。而两家公司回归A股市场后，就极大地方便了国内投资者的投资。尤其是机构投资者，有大资金进出，中国电信与中国移动都是非常合适的投资标的。

07

北交所的投资者门槛不必急于降低

继 2021 年 9 月 2 日习近平总书记宣布设立北交所之后，9 月 3 日，中国证监会宣布就北交所有关基础制度安排公开征求意见，9 月 5 日，全国中小企业股份转让系统发布公告，就北交所股票上市规则、交易规则和会员管理规则公开征求意见。

北交所的相关制度安排颇具新三板特色，也就是符合新三板市场的实际情况。北交所是深化新三板市场改革的产物，北交所本身就是新三板市场的一个组成部分，是在新三板精选层的基础上组建的。所以，北交所的制度安排也都深深地烙上了新三板市场的烙印。

比如，北交所上市规则对现金分红比例不做硬性要求，鼓励公司根据自身实际"量力而为"。而 A 股市场鼓励上市公司给予投资者现金分红。北交所做出这样的规定，显然是符合公司发展实际情况的。因为在北交所上市的公司与 A 股市场的相比，"更早、更小、更新"。因此，其盈利水平较为有限，有的公司甚至还没有盈利，而公司发展对资金存在较为强烈的需求。在这种情况下，不少公司的分红能力是不足的。因此，北交所对上市公司的现金分红比例不做硬性要求，显然是与公司发展的实际情况相符的。

又比如，北交所的上市制度有着鲜明的新三板特色。虽然伴随着北交所的设立，北交所也将同步试点证券发行注册制。但北交所的上市制度高举新三板的大旗，明确规定北交所新增上市公司源于在新三板挂牌满 12 个月的创新层公司。这实际上沿袭了目前精选层的做法。目前，在精选层挂牌的公司都来自创新层，而且在创新层挂牌的时间不低于 12 个月。北交所沿袭精选层的这一做法，显然有利于增强新三板市场的吸引力，尤其是创新层的吸引力。那些希望到北交所上市的公司，都必须先到新三板创新层挂牌满 12 个月。这对于激活新三板市场特别是创新层有决定性作用。

在北交所设立之后，还需不需要转板机制，是市场需要直面的问题。从制度建设来说，转板机制依然存在。北交所上市公司可以转板到沪深交易所上市。但从实际情况来看，转板机制的意义已经不大了。因为北交所赋予了在该所上市的公司"上市公司"的地位，这与沪深交易所上市公司的地位是一样的。而且，在北交所上市的公司股票价格并不比在沪深交易所上市的公司股票价格低，企业转板的动力明显不足。并且北交所也希望好的公司能够留在北交所，在北交所将公司做大做强。因此，北交所设立之后，转板机制或许不再是新三板市场关心的一个热点问题了。

或许，北交所的投资者门槛设置是不少投资者非常关心的一个问题。正因为投资者对这个问题非常关心，所以证监会给予了公开的回应，表示北交所将继续坚持投资者适当性管理制度，并在实践基础上不断完善，形成与北交所服务的中小企业的特点以及与北交所投资者定位相适应的适当性安排。证监会的这个回应显然是合适的。但市场上仍然有降低北交所投资者门槛的声音。

我认为，这种声音操之过急了。我赞成证监会的意见。在北交所上市的中小企业相对于在科创板与创业板上市的企业来说，更加突出"更早、更小、更新"的特点，这就意味着投资这类公司的风险相对更大。因此，基于投资者适当性管理制度的要求，北交所的投资者门槛设置是合适的，而不能急于降低。

当然，未来随着北交所的进一步发展，随着北交所各项监管制度的进一步完善，尤其是保护投资者措施的进一步完善，可以根据北交所服务的中小企业的特点以及北交所投资者的定位适当调整投资者门槛。

08

借壳上市公司大幅减少是注册制改革的必然结果

2021 年 1 月 24 日，深交所披露了 2020 年深市并购重组的市场情况。数据显示，2020 年深市完成收购事项 665 家次，同比增长 10%，交易金额为 3011 亿元，同比增长 5%。借壳上市公司数量相比往年锐减，重组上市交易仅实施了 5 单。而根据之前证监会公布的数据，2020 年仅有 6 家公司完成借壳上市，这也意味着上交所 2020 年借壳上市公司只有 1 家。

2020 年，借壳上市的公司只有 6 家，这与 2020 年的 IPO 公司数量 396 家相比，无疑是降到了冰点，也正好是 IPO 公司数量的"零头"。借壳上市曾经是 A 股市场的一个热点，高峰出现在 2015 年，当年借壳上市公司数量达到 34 家，而当年 A 股 IPO 公司数量为 220 家，占比达到了 15.45%。即便是近年借壳上市公司数量最少的 2019 年，借壳上市公司数量也有 9 家。而 2020 年只有 6 家公司完成借壳上市，较上一年又减少了 33.33% 左右。与 2020 年 IPO 公司的数量相比，几乎到了可以忽略不计的地步。

这种情况可以说是注册制改革的必然结果。本来借壳上市的门槛就不低，根据 2013 年 11 月 30 日证监会发布的《关于在借壳上市审核中严格执行首次公开发行股票上市标准的通知》，企业借壳上市条件与 IPO 标准等同，而且不允许在创业板借壳上市。既然借壳上市条件与 IPO 标准等同，对于企业来说，当然更愿意选择 IPO。

那么，当时企业为什么愿意选择借壳上市呢？究其原因，主要是 IPO 上市排队时间太长。几百家企业排队等待 IPO，仅排队的时间就在 2 年以上。正因如此，有的企业想尽早上市，也就只好选择借壳上市这条路了。如果 IPO

能够不排队，或者排队的时间很短，谁还愿意背着沉重的"壳"上市呢？

注册制改革就为企业提供了这样的便利选择。2019 年 7 月，科创板正式推出，注册制改革在科创板拉开了序幕。注册制改革，不仅加快了企业 IPO 的审核步伐，还大大缩短了企业 IPO 的排队时间，而且增加了对 IPO 公司的包容性，降低了企业 IPO 的门槛，如亏损企业在符合相关条件的情况下也可以 IPO 上市。可以说，注册制下的 IPO 门槛甚至低于借壳上市的门槛。在这种情况下，企业能够尽早 IPO 上市，自然也就不会选择借壳上市了。

2020 年 8 月，注册制改革的试点又增加了创业板。如此一来，沪深两市就都有注册制改革的试点板块了。这就极大地满足了企业 IPO 的需求。不论是沪市，还是深市，都有注册制 IPO 的途径可供选择。因此，更多的企业就把上市的途径放在了 IPO 上，借壳上市几乎不会被优秀的企业考虑。2020 年，A 股共有 396 家公司 IPO 上市，相对 2019 年的 203 家同比增长 95.07%，IPO 公司数量的增加是非常显著的。

实际上，正是由于更多的公司把上市的目光放在了 IPO 的渠道上，市场失去了对借壳上市股票的炒作热情，曾经作为市场热点的借壳上市也就渐渐冷却了。一方面，借壳上市公司的质量普遍不高。毕竟好的公司可以选择 IPO 上市的渠道，没有必要给自己找一个沉重的"壳"。甚至一些从境外归来的公司都可以独自上市了，也就没有必要借壳了。另一方面，近年来市场炒作的重点是优质白马股、蓝筹股以及行业龙头股，这些股票在机构的抱团下，股价大幅上涨；而对于其他的非抱团股的炒作通常都是昙花一现。因此，一些业绩较差的股票，呈现出单边下跌的走势。壳资源股遭到了机构投资者的抛弃，因为市场对借壳上市的概念失去了炒作的热情。对于券商来说，也就没有必要再把借壳上市业务作为自己的主流业务了，与其为借壳上市分散精力，不如把精力集中在 IPO 保荐上面。

当然，借壳上市公司数量的大幅减少，也在提醒投资者要坚持理性投资，远离垃圾股票。在借壳上市逐渐成为鸡肋的情况下，垃圾公司的壳资源价值也在急剧下降。弄不好这些公司壳资源的价值还没有体现，就率先走上面值退市之路了。

09

1 元退市是当前 A 股行之有效的退市标准

统计数据显示，面值退市已成为 A 股市场的退市主流。在 2020 年退市的 16 家 A 股上市公司中，有 9 家公司触发面值退市。根据退市新规，面值退市标准修改为"1 元退市"，因此，下文中的面值退市就用 1 元退市来代替。

1 元退市成为 A 股市场的退市主流，恐怕是制度设计者都没有想到的。几年前，1 元退市对于 A 股市场来说还是遥不可及的事情。因为当时 A 股股票的价格基本上都远离 1 元价位，很少有人会想到，有上市公司的股票因为价格低于 1 元而退市。没想到，如今的 A 股市场，1 元退市却成了真正有效的退市标准。

出现这种情况，显然与 A 股市场的形势变化有着很大的关系。因为最近几年，新股发行坚持常态化，市场扩容进一步加剧，尤其是注册制的实行，使新股发行进一步加速，如 2020 年新上市公司数量达到 396 家，截至 2020 年9 月，A 股上市公司数量超过 4000 家。新股的大量上市，市场的大幅扩容，必然加剧老股的边缘化进程。

正是在这种背景下，机构投资者为了生存，在投资上采取了抱团取暖的操作方式。一些白马股、蓝筹股、行业龙头股等股票在机构投资者的抱团之下，价格越抱越高；相反，一些被机构投资者抛弃的股票，则出现了单边下跌的走势，价格越走越低：市场两极分化明显，大量的股票步入低价股的行列，甚至有的股票因为跌破 1 元面值而被退市。

在 A 股上市公司退市渠道并不畅通的情况下，1 元退市能够疏通 A 股市场的退市渠道，也算是一件好事。不过，资本市场对 1 元退市标准也充满争议。因为一些大型国企同样有可能成为下一个退市对象。如包钢股份、大连港（已更名为辽港股份）、石化油服和重庆钢铁等股价都掉到了 2 元左右，1 元退市标准仿佛在向其招手。其中包钢目前还是盈利企业，股票市值在钢铁行业排名靠前。该不该让这样的大国企退市，成了市场争论的一个焦点。

基于目前 A 股市场退市渠道并不畅通的实际情况，目前被市场证实有效的 1 元退市标准显然有必要继续执行下去。不论哪家上市公司，只要触发了 1 元退市标准，就都应该退市，在制度与原则面前，没有任何的情面可讲。作为企业，要想不被 1 元退市，就要积极开展自救，否则，就只有退市这一条路可走。

当然，就 1 元退市标准来说，确实有需要修改完善的地方。当前的退市制度本身确定存在较大的问题。虽然退市新规是 2020 年最后一天才正式发布实施的，但退市新规并没有有效打通上市公司退市的通道。该被退市的两类公司并没有快速地退市。一是财务造假的公司，这是最应该被退市的，但退市新规为财务造假公司退市设置了重重关卡，让财务造假公司退市变得困难重重；二是垃圾公司，退市新规为亏损公司退市设置了一道保险，即每年营业收入达到 1 亿元的公司不被退市。

现在的退市制度导致该退市的公司并没有快速地退市，反倒是一些不该退市的公司或许会因为 1 元退市标准而被错杀。因此，当前的退市制度是需要进一步修改的。而且不能只对 1 元退市标准进行修改。如果 1 元退市制度因为修改而停滞了，只怕 A 股市场的退市通道又要被堵塞了。

10

中小板完成历史使命

2021 年 2 月 5 日，证监会批准深交所主板与中小板合并。根据证监会的要求，两个板块的合并将按照"两个统一、四个不变"进行，即统一业务规则、统一运行监管模式，保持发行上市条件不变、投资者门槛不变、交易机制不变、证券代码及简称不变。这意味着深市主板和中小板的合并，并不会对市场规则及投资者产生实质性的影响。

深市主板与中小板合并的消息并不令人意外。2020 年 10 月下旬，市场上就曾传出过深市主板与中小板合并的消息，而且官方当时并没有辟谣，投资者也因此有了一定的心理预期。当然，更重要的是，深市主板与中小板合并也是深市发展的必然趋势，同时也是整个 A 股市场格局变化的必然趋势。进一步说，中小板的历史使命已经完成了，深市主板迎来了新的发展机遇。

从 A 股市场的发展来看，全面推行注册制改革是目前 A 股市场的一项重要工作。所以，对于深市主板与中小板的合并，有业内人士认为是注册制改革的一个步骤，两板合并有利于加快 A 股市场全面注册制改革的步伐。这个观点显然是牵强附会的。实际上，深市主板与中小板合并与注册制改革并无联系。不论深市主板与中小板是否合并，全面注册制改革都会按其固有的步伐向前推进。总体来说，全面注册制改革是一项系统工程，要循序渐进地推进，不能过于理想化，也不能急于求成。因此，一些市场人士将深市主板与中小板的合并与全面注册制改革联系在一起，显然是"想多了"。

而同样"想多了"的还有一些投资者。之所以会想多，主要是因为深市主板与中小板在估值上存在一定的差异。比如，截至 2021 年 1 月 29 日，深市主板公司的平均市盈率为 21.74 倍，中小板公司的平均市盈率为 36.34 倍。但对这种差异的担心显然是"想多了"。因为市盈率的差异是基于行业的不同产生的，即便同在深市主板，不同的行业肯定会有估值上的差异，传统行业的上市公司市盈率相对偏低，新兴行业的上市公司市盈率会相对偏高，这是很正常的。不论在哪个市场，这种情况都会存在。所以，深市主板与中小板合并不会给中小板上市公司的估值带来明显的影响，不同行业的估值差异还会继续存在。

中小板于 2004 年正式设立，设立的目的就是为创业板的推出做准备。2000 年年初，深市主板暂停新股发行，旨在推出创业板，但由于国际市场的冲击，创业板推出的进程延缓。正是在这种背景下，深市推出中小板作为过渡，一方面是恢复深市的 IPO 功能，另一方面是为创业板的推出探路。

随着中小板企业的上市与发展，中小板不仅产生了众多的百亿市值公司，而且产生了一批千亿市值公司，如海康威视的市值甚至超过了 5000 亿元。可以说，中小板公司与主板公司之间已经没有明确的界限了。因此，二者的合并是必然的。这种合并可以让深交所形成以主板、创业板为主体的市场格局，结构更简洁，特色更鲜明，定位更清晰，有利于厘清不同板块的功能定位，夯实市场基础，提升市场质效。

深市主板与中小板合并后，深市可以更好地服务于实体经济的发展。深市主板不仅可以接纳原来在中小板上市的中小企业，还可以接纳大中型企业，深交所的服务功能将明显增强。当然，合并后深市主板仍然实行核准制，既没有降低上市门槛，也没有新增上市通道，不会直接导致市场加速扩容。监管机构也表示，将会切实把好市场入口关，从源头上提升上市公司质量。

值得注意的是，深市主板与中小板的合并，不仅表明深市主板的发展进入了一个全新的阶段，同时意味着 A 股市场的发展也进入了一个全新的阶段，即中国资本市场的发展告别了初级的"开板"阶段。为了支持更多的企业上市，股市不停地开出各种各样的"板"，这显然只是一种初级发展。资本市场真正的发展不在于开了多少"板"，而在于通过制度的完善来增强市场的包容性，让市场可以接纳不同类型的企业上市，这也是一个市场相对成熟的表现。

11

牛股比牛市更值得期待

随着鼠年股市的漂亮收尾，美丽的"鼠尾巴"让投资者对牛年的股市更加充满期待。从 A 股短暂历史上的两个牛年的表现来看，不论是 1997 年还是 2009 年，牛年的股市总体表现都不差，都表现为升势。所以对于 2021 年这个牛年，投资者充满了期待。

不过，作为 A 股市场的第三个牛年，开局却不尽如人意。不仅牛年的首个交易日，沪深两市双双高开低走，收出中阴线，而且在前 7 个交易日里，上证指数下跌了 166 点，跌幅达到 5% 左右。深证成指下跌了 1260 点，跌幅达到 8% 左右。可以说，牛年伊始，投资者就被牛角"触"了一下。

很多投资者是感性的，牛年股市开局下挫，投资者的信心开始动摇了，一些投资者也因此产生了这样一个疑问：牛年还有牛市吗？

牛年是否有牛市，对于这个问题，我一开始就是质疑的。牛年意味着牛市，这个说法本身就未必成立。虽然 1997 年、2009 年两个牛年，A 股市场的总体表现不错，其中 1997 年上证指数上涨了约 30%，2009 年上涨了近 80%，后者被称为"小牛市"，但实际上 2009 年是 2008 年 A 股暴跌（上证指数从 5522 点跌到了 1664.93 点）后的反弹行情。同时 A 股市场的历史较短，因此不能拿两个牛年的股市表现来做推论，认为牛年就有牛市。我对于 A 股市场的第三个牛年会走出牛市行情，是有很大疑问的。

一方面，抱团股的走势毫无理性，加大了市场的投资风险，成为妨碍行情上涨的重要因素。抱团股实际上是 A 股市场的中坚力量，它主要由 A 股市场的白马股、蓝筹股、行业龙头股等构成。这些股票理应成为 A 股市场牛市行情的领涨力量。但令人遗憾的是，抱团股现在成了 A 股市场的高风险股。在机构投资者的抱团之下，这些股票的价格被推到了历史的高位或一再创出历史新高，这些股票的市盈率被推高到了七八十倍甚至上百倍，股票的价格大大透支了公司的业绩，理性投资者对其唯恐避之不及。牛年伊始股市的回调，就跟这些抱团股的下挫有着密切的关系。理应引领行情上涨的白马股、蓝筹股等却成了妨碍行情上涨的因素，牛年的股市行情因此失去了很重要的引擎动力。

另一方面，A 股市场的历史使命也决定了牛年仍然是 A 股市场的 IPO 年与融资年。放眼全球股市，A 股市场的上涨总体上是滞后的。之所以如此，关键在于 A 股市场更多的是横向发展而不是纵向发展。而横向发展的重要内容就是公司的 IPO 与再融资，以及与 IPO 相对应的上市公司大股东及董监高①减持套现。如此一来，A 股市场上市公司的规模取得了突飞猛进式的发展，但股市的指数上涨较为有限。另外一个很重要的原因，就是注册制的实行极大地方便了 IPO 与再融资。当前，科创板与创业板都已推出注册制，而主板的注册制也在积极准备之中。2021 年 2 月 26 日，证监会发言人表示，证监会将在试点基础上进一步评估，待评估后将在全市场稳妥推进注册制。主板推出注册制后，IPO 的节奏有望进一步加快。

此外，宏观经济走向平稳甚至向好发展，货币刺激政策将会逐步收紧。宽松的货币政策会在一定程度上得到抑制。这对于股市行情的发展显然是不利的。

也正是基于上述因素的影响，牛年是否有牛市，还是存在较大不确定性的。但可以确定的是，牛年的股市里肯定存在牛股，这是毫无疑问的。所以对于牛年的股市来说，牛股比牛市更值得期待。投资者与其在牛市问题上纠结不休，还不如把精力放在牛股的选择上。当然，投资者若想避免选股的麻烦，也可以买进相关行业的投资基金，这同样有可能给投资者带来不错的投资收益。

---

① 董监高为董事、监事、高级管理人员的简称。

12

两市融券余额首超 1500 亿元说明了什么?

　　根据沪深交易所公布的数据, 截至 2021 年 4 月 19 日, 沪深两市融券余额达 1518.03 亿元, 创下历史新高, 这也是沪深两市融券余额历史上首次突破 1500 亿元关口。

　　沪深两市融券余额首次突破 1500 亿元关口, 对于 A 股市场来说是明显的进步。因为融券余额是一个衡量市场成熟度的指标。A 股市场一直都是一个单边做多的市场, 投资者只有通过做多才能盈利, 这也培养了投资者"死多头"的特质, 不论股票价格的高低, 投资者除了做多还是做多。

　　但这种一味做多的"死多头"做法, 不仅将投资者个人置于风险之中, 同时加大了整个资本市场的投资风险。比如, 将一只股票的价格炒到高位, 自然也就将市场的投资风险推向了高位。一旦股票价格下跌, 这样的市场风险也只能由投资者来硬扛。股价下跌带给投资者的是实实在在的损失, 并没有其他的投资工具来对冲。

　　为改变这种情况, 2010 年 3 月 31 日, A 股市场正式推出了融资融券业务, 目的是给投资者一个做空的工具, 以此来降低投资者的投资风险与资本市场的投资风险。但由于投资者"死多头"情结顽固, 融券的做空机制功能并没有得到发挥, 融资融券业务变成了单边的融资业务, 以至于融资融券业务进一步助长了市场的"死多头"做法, 甚至成为加剧市场风险的一大因素。

　　沪深两市融券余额突破 1500 亿元大关表明, 越来越多的投资者开始告别"死多头"做法, 选择通过融券的方式来做空了, 这是部分投资者走向成熟的标志。因为一个成熟的投资者不可能是一个"死多头",而应该是一个顺势而为的"滑头",该做多时就做多,该做空时就做空,绝不会逆势而为,更不会将自己置于巨大的风险之中。

因此,学会做空就是投资者走向成熟的一个标志。而通过融券做空来获取利益,更是投资者的一种成熟境界。这样的投资者越多,中国股市就会越发成熟,A 股市场的股票定位也就会变得越发合理。这样的结果显然是市场各方都乐意看到的。

当然,A 股市场能够获得这样的进步,除了因为部分投资者开始走向成熟,也与各方面的努力分不开。融券业务一直处于跛腿状态,其中还有一个很大的原因在于融券难,券商处于无券可融的状态,以至于部分投资者想融券,但因为无券可融而无法进行操作。为此,主管部门为解决融券的来源问题积极想了很多办法。

比如,2015 年 4 月,中国证券业协会等四部门联合发布《关于促进融券业务发展有关事项的通知》,支持专业机构投资者参与融券交易,扩大融券券源。中国证券投资基金业协会、中国证券业协会还联合发布了《基金参与融资融券及转融通证券出借业务指引》,为基金参与融券及转融通证券出借业务大开方便之门。

2019 年 6 月,《公开募集证券投资基金参与转融通证券出借业务指引(试行)》发布。当年 7 月,南方、博时、华夏、易方达等 4 家基金公司率先拿到转融通证券出借业务资格。2020 年 9 月,《合格境外机构投资者和人民币合格境外机构投资者境内证券期货投资管理办法》发布。当年 12 月,中信证券、国泰君安等多家券商均完成了首单 QFII[①] 融资融券业务。

正因如此,所以说沪深两市融券余额突破 1500 亿元大关与管理层方面的积极努力是分不开的。

不过,沪深两市融券余额突破 1500 亿元大关,仍然暴露出 A 股市场的巨大不足——融券余额在融资融券总额中的占比太低,这表明 A 股市场距离成熟还有很长一段距离。2021 年 4 月 19 日,沪深两市 1518.03 亿元的融券余

---

① QFII 是指合格境外机构投资者。

额，在当天的融资融券总额中占的比例太低。当天，两市融资融券余额总计是 16651.61 亿元，融券余额占比仅为 9.12%；融资余额为 15133.58 亿元，差不多是融券余额的 10 倍。目前，虽然我们还不能奢望融券余额与融资余额平起平坐，但如果能达到融资余额的一半，或占到融资融券总额的 1/3 左右，那对于投资者变成熟和整个 A 股市场变成熟的影响都是不容忽视的。

因此，尽管沪深两市融券余额突破 1500 亿元大关是 A 股市场的进步表现，但与融券所肩负的使命相比，1500 亿元还只是一个起点。市场期待融券余额能够早日达到 5100 亿元、15000 亿元。相信届时整个 A 股市场以及投资者都会比现在更加成熟。

13

B 股市场应早日退出历史舞台

2021 年 4 月 6 日，中小板与深市主板正式合并。这意味着 2004 年 5 月正式设立的中小板在走过了近 17 年的历程之后，正式成为历史了。虽然中小板的设立时间不长，但其历史堪称辉煌，至 2021 年 4 月 6 日合并，中小板上市公司达到了 1004 家，总市值达到 13.4 万亿元。

中小板肩负着历史使命而来。2000 年年初，深市主板暂停新股发行，旨在推出创业板，但由于国际市场的冲击，创业板推出的进程延缓。正是在这种背景下，深市推出中小板作为过渡，一方面是恢复深市的 IPO 功能，另一方面是为创业板的推出探路。直到 2009 年 10 月 30 日创业板正式推出，中小板完成了为创业板探路的使命。

之所以在创业板推出之后，中小板还能保留下来，主要是因为当时沪深两市的分工不同。当时，沪市以蓝筹股市场为主，深市以中小企业市场为主。因此，深市保留中小板，以突出中小企业市场的定位。这也意味着中小板又承担起了新的历史使命。不过，随着中小企业在沪市上市门槛的撤除，以及科创板在沪市的推出，沪市已不再局限于蓝筹股市场，同样也接纳中小企业。如此一来，中小企业上市不再是深市的专利了。这也意味着中小板支持中小企业上市的使命终结了。正是在这种背景下，中小板正式并入深市主板。合并后的深市主板将恢复 IPO 功能，既支持中小企业的上市，也支持大中型企业的上市，从而更好地支持实体经济的发展。

中小板在完成自己的使命之后正式成为历史。而与中小板相似的 B 股市场也已完成自己的历史使命了，与中小板不同的是，B 股市场还在市场上

"苟延残喘"。B 股市场是 1992 年 2 月 21 日正式开设的，其主要任务是吸收外汇。在 2001 年 2 月 19 日之前，B 股市场仅限外国投资者投资。如今，随着经济的发展，我国早就不再需要靠发行股票来吸收外汇了。所以，B 股市场实际上也已完成其历史使命了。目前的 B 股市场已成为一个"三无市场"：一无新公司上市，二无上市公司再融资，三无吸引力。因此，B 股市场成了一个名副其实的鸡肋市场。对于纯粹的 B 股上市公司来说，在 B 股市场上市，纯粹就是一个累赘；而从监管的角度来说，也是一种监管资源的浪费。因此，有必要让 B 股市场早日退出历史舞台。

如何让 B 股市场早日退出历史舞台呢？这需要具体问题具体分析，而不是对 B 股上市公司一刀切，要根据 B 股上市公司的不同情况进行疏散分流。比如，在 B 股上市公司中，有的公司（A + B 股上市公司）既有 A 股，也有 B 股。这类公司应该是比较容易解决的，可以将 B 股并入 A 股。这类 B 股上市公司可以率先解决。

而对于纯 B 股上市公司来说，如果符合 H 股上市条件，则应该鼓励其到 H 股上市；如果符合 A 股上市条件，应该允许其向挂牌的交易所提出申请，到 A 股上市；如果既不符合 A 股上市条件又不符合 H 股上市条件，则转到新三板市场挂牌交易，纳入新三板市场的管理之中。如此一来，B 股上市公司各有去处，B 股市场也就可以早日退出历史舞台了。这是对 B 股市场负责、对 B 股上市公司负责、对 B 股市场投资者负责的做法。

14

不必把 A 股指数滞涨归结到 IPO 头上

2020 年 4 月 10 日，证监会一次性核准了 5 家企业 IPO，创出近年来单批次核发 IPO 数量的新高。而在同一周内，证监会还同意 2 家企业科创板 IPO 注册。这意味着在一周的时间内，有 7 家企业 IPO 获批，新股发行节奏明显加快。

为此，有关人士表示，相关部门在维护市场基本稳定运行的基础上，继续坚持新股常态化发行，针对申报企业情况，统筹审核进度，每周核发一定数量的 IPO 批文，既不因各种因素暂停 IPO 发行，也不因各种因素降低把关质量；同时，根据市场情况保持平稳发行节奏，适当加大支持企业融资的力度，持续明确市场预期，维护市场稳定。

有关人士表示 IPO 批文从一周核准 1 ~ 2 家到核准 5 家，给投资者带来了一定的心理压力，一些投资者因此把 A 股指数滞涨的原因归结到 IPO 的头上。

A 股指数滞涨确实是 A 股市场的一大怪圈。以最近 10 年为例，虽然美股市场走出了史上最长的牛市行情，但 A 股市场"稳如磐石"，10 年前，上证指数在 3000 点附近，10 年后，上证指数还在 3000 点附近，指数滞涨明显，甚至稳中有所回落。

这样的走势显然是难以让投资者满意的。而且，这样的走势并没有反映出 10 年来中国经济的增长，同时还意味着投资者投资了 10 年总体上是亏损的。扭转这种局面显然是投资者所期盼的。但要扭转这种局面首先要找到导致股市指数 10 年滞涨的原因所在。

A 股指数滞涨的原因显然不能归结到 IPO 的头上。一方面，对于股市来说，

IPO 是其责任与义务所在，而且市场发展本身也需要吐故纳新。因此，对于 IPO，市场投资者要有正确的认识。另一方面，IPO 本身对股市的"抽血"作用并不大。以 2020 年的数据为例，截至 4 月 10 日，证监会共核准 44 家企业 IPO，同意 23 家企业科创板 IPO 注册；57 家企业完成发行，融资 823.77 亿元。

但 IPO 融资金额与再融资金额相比，就只是"小儿科"了。如从 2020 年 2 月 14 日再融资新规落地实施，至 4 月 13 日，2 个月内共有 274 家上市公司发布或修订定增预案，预计募资合计超 4400 亿元，较上年同期增长约 70%。可见，上市公司再融资对于 A 股市场来说，才是真正的"狮子大开口"。

不仅如此，在 IPO 与再融资的背后，还有一股重要的"抽血"力量不容忽视，那就是重要股东减持。从历史数据来看，股东减持套现的金额甚至会超过 IPO 募资金额。如 2019 年 IPO 募资金额为 2489 亿元；而 2019 年 A 股市场共有超过 1700 家上市公司发布了减持公告，净减持股份金额合计超 3900 亿元，约为 IPO 募资金额的 1.57 倍。

从对股市资金吸纳的角度来看，IPO 募资的影响远小于再融资的，甚至小于上市公司重要股东减持套现的。因此，把股市指数滞涨的原因归结到 IPO 的头上显然是不合适的。

不过，IPO 制度对 A 股市场行情的负面影响也是需要得到正视的。目前，重要股东减持对市场的"抽血"作用甚至大于 IPO 本身的，股东减持所涉及的限售股问题，显然与 IPO 制度的不合理有关。根据现在的 IPO 制度，任何一家 IPO 公司的新股发行，都会带来 3 倍（甚至是 9 倍）于首发流通股规模的限售股，IPO 制度让 IPO 成了限售股的生产机器，股市也因此成了限售股股东的提款机。这确实是困扰股市行情发展的严重问题。

尽管市场不应把 A 股指数滞涨的原因归结到 IPO 的头上，但因为 IPO 制度不合理的问题是困扰股市行情发展的重要因素，所以这个问题需要得到正视并尽快加以解决。

15

融资服务实体经济，必须重视这几点

为实体经济服务是股市融资功能的重要体现。尤其是在当下，由于新冠肺炎疫情的影响，全球经济低迷，在这种情况下，更需要充分发挥股市的融资功能，以便更好地服务实体经济。为此，2020 年 4 月 15 日召开的国务院金融稳定发展委员会第二十六次会议明确表示，坚决维护良好的市场环境，更好发挥资本市场服务实体经济和投资者的功能。

而在此之前，证监会也于 2020 年 4 月 10 日核准了 5 家企业 IPO，同一周内同意 2 家企业科创板 IPO 注册。一周内批准 7 家企业 IPO，这在近年是较为少见的。为此，有关人士表示，有关部门在维护市场基本稳定运行的基础上，继续坚持新股常态化发行，既不因各种因素暂停 IPO 发行，也不因各种因素降低把关质量，助力企业解决较为迫切的资金短缺问题，推动科技创新与经济发展深度融合，发挥好资本市场服务实体经济发展、服务维护经济稳定发展大局的作用。很显然，IPO 步伐的加快也是基于服务实体经济发展的需要。

同时，统计数据显示，截至 2020 年 4 月 20 日，年内 A 股 IPO 募集资金达 1005.82 亿元，上市公司新发定增预案预计募资总额达 3994.93 亿元，二者合计募资达 5000 亿元，此举被舆论称为"加码守护实体经济，助力实体经济复苏"。

确实，在实体经济面临困难的情况下，资本市场更需要充分发挥其服务实体经济的功能，也就是要充分发挥股市的融资功能，其中包括融资与再融资。所以，舆论称 5000 亿元募资助力实体经济复苏是有一定道理的。不过，我们应该看到，融资不等同于服务实体经济，因为在 A 股市场的历史上，有不少企业进行了融资与再融资，但其中的一些企业不仅没有发展壮大，甚至还将自己"发展"成了退市公司。因此，融资并不等同于服务实体经济，只有用好融资才是真正地服务实体经济。

如何让融资更好地服务实体经济呢？至少有以下几点是需要加以重视的。

首先是弄虚作假者不能融资（包括再融资，下同）。这种弄虚作假包括财务造假，也包括募资投向项目上的造假。比如，本来没有合适的募投项目，却在募投项目上胡编乱造，乱立募投项目，以期达到骗取募资的目的。这样的企业，其上市与融资的目的不单纯。又如，有的企业上市不是为了企业的发展，而是为了股东尤其是控股股东上市后的套现，这些企业上市后，并不会将精力放在企业的发展上，而是将精力放在股东套现上。因此，就不应该让这种企业融资，这种企业的融资是对股市资源的浪费，并不能起到服务实体经济的作用。

其次是"不差钱"的公司不能融资。虽然从宏观上来说，企业差钱是普遍现象，但有些 IPO 公司是"不差钱"的。至于上市公司，"不差钱"的更多，一些上市公司有大量的银行存款，有的上市公司拿几十亿元、数百亿元的资金理财，如 2018 年共有 1994 家 A 股上市公司购买了理财产品，理财金额（累计发生额）达 3.65 万亿元。对于这些"不差钱"的公司，显然是不应该让其融资的，其融资的结果只能是对股市资源的浪费。

最后是"败家子"公司不能融资。这里的"败家子"公司主要指的是已上市公司。这种"败家子"公司已经在股市里进行了一轮又一轮的融资，但没有用好这些募集资金，把募集资金拿去打了水漂。比如，有的公司拿募资高价收购利益中间人的垃圾资产，有的公司募投项目迟迟不能产生效益，更有甚者将募资变成了闲置资金，最后被大股东掏空了。像这种"败家子"公司融资再多也很难提振公司的发展。

所以，要让融资更好地服务实体经济，就应该在融资上有所选择、有所倾斜，即让那些有较好发展前途的公司上市融资，让那些确实有好的发展项目但又差钱的公司进行融资。相反，对于那些弄虚作假的公司、"不差钱"的公司以及"败家子"公司，则应限制甚至禁止其融资，避免股市资源的浪费，让有限的股市资源更好地支持实体经济的发展。

16

科创板减持新规有新意

上市公司大股东以及重要股东减持一直都是 A 股市场非常敏感的话题。而如何减缓大股东及重要股东减持带给 A 股市场的冲击，也一直是 A 股市场积极探讨的问题。作为 A 股市场制度改革试验田的科创板，日前就在这个问题上向市场提交了一份令人惊喜的答案。

2020 年 7 月 3 日，上交所发布的《上海证券交易所科创板上市公司股东以向特定机构投资者询价转让和配售方式减持股份实施细则》（以下简称科创板减持新规）显然是对目前 A 股市场减持制度的一种完善。科创板减持新规新增了两条股东减持渠道，即询价转让和配售减持，这让上市公司大股东减持有了更多的选择。

比如，当股东单独或者合计拟转让的首发前股份数量达到科创公司股份总数的 1% 时，当事股东就可以采取询价转让的方式。有资格参与询价转让的受让方，都是符合相关规定的机构投资者，而且这些机构投资者受让股份后在 6 个月内不得转让。当然，这些机构投资者也有自己的利益所得，即转让价格最低可以是，认购邀请书发送之日前 20 个交易日科创公司股票交易均价的 70%。对于询价转让的受让机构来说，这当然是很大的利益，是机构投资者参与询价转让的巨大动力。

当然，更具新意的是科创板减持新规推出了配售减持的方式。股东单独或者合计拟减持首发前股份数量达到科创公司股份总数的 5% 时，可以采取向科创公司现有其他股东配售的方式进行。这是科创板减持新规对 A 股市场新股减持制度的重大贡献，这种向股东配售的减持方式或可实现多赢。

首先，向股东配售的减持方式拓宽了大股东及重要股东减持的渠道，方便大股东及重要股东进行股份减持。股东减持问题是目前困扰 A 股市场发展的一个重要问题，每一家企业的上市，都给市场带来数倍于首发流通股规模的限售股（大股东及重要股东持股）。向股东配售的减持方式显然有助于解决大股东及重要股东的减持问题，这是 A 股市场乐于看到的。

其次，向股东配售的减持方式有利于保护公众投资者尤其是中小投资者的利益。向股东配售减持，通常在减持价格上是有让利的。股份配售的价格由参与配售的股东协商确定，但最低价为本次配售首次公告日前 20 个交易日科创公司股票交易均价的 70%。减持价格上的让利，其实就是向公司股东进行利益让渡，这显然是有利于保护参与配售的公众投资者利益的。而且这种向股东配售的做法并不强制公众投资者参与，而是由投资者自主决定是否参与申购。即拟认购配售股份的投资者在本次配售股权登记日后的第 5 个交易日通过上交所系统进行申购，投资者不参与申购也就视同放弃配售。这同样是对公众投资者权益的保护措施。如此一来，当投资者认为股份配售的价格偏高时，就可以放弃申购。这样也就可以保证公众投资者在参与配售减持时占据主动。

最后，向股东配售的减持方式有利于减轻股东减持对市场的冲击。当前大股东及重要股东减持带给市场的冲击主要体现在个股上。股东持股解禁或减持的数量越大，带给相关个股的冲击也就越大。而向股东配售减持的做法，可以在很大程度上减少公众投资者对大股东及重要股东减持的恐惧心理，面对大股东及重要股东的配售减持，投资者或许还会充满期待。如此一来，配售减持也就不会给市场带来冲击，或者说带给市场的冲击将会大大减弱。而这样的结果当然是市场参与各方都乐意看到的。

17

创业板成交额超沪市，对科创板有何启示？

在 A 股市场，沪市显然是沪深两市中的老大哥。但令沪市尴尬的是，自 2020 年 9 月 8 日以来，沪市的成交金额不仅被深市超越，甚至还多次被深市中的创业板超越，如 2020 年 9 月 8 日当天，创业板成交金额为 3375 亿元，而沪市只有 3202 亿元。

对于沪市来说，这显然是难以接受的事情。撇开沪市老大哥的地位不谈，仅以沪市的上市公司而论，截至 2021 年 6 月底，沪市上市公司超过 1700 家，而且有一批像中国工商银行、中国平安这样的大盘蓝筹股，而创业板的上市公司数量还不足 1000 家，并且是以中小盘股为主。结果创业板的成交金额超过了整个沪市，这是难以想象的。

创业板的成交金额之所以能够超越沪市，显然与创业板从 2020 年 8 月 24 日起正式实施注册制有关。创业板在进行注册制改革的同时，还放宽了对个股涨跌幅的限制，将创业板股票的涨跌幅由原来的 10% 放宽到了 20%，从而大大吸引了市场上的热钱参与创业板股票的炒作。因为对于热钱来说，20% 的涨跌幅更能提高炒作效率，比如 4 个涨停板股价就实现了翻番，符合热钱赚快钱的需要。

单就注册制改革来说，沪市科创板比创业板早实施 1 年，而且也是实行 20% 的涨跌幅限制，为什么科创板就吸引不到这么多的热钱呢？显而易见的是，二者的投资者开户门槛不同。比如，科创板对投资者开户的资金门槛要求是不低于 50 万元，而创业板投资者开户的资金门槛要求是不低于 10 万元。正因为开户资金门槛不同，科创板把大量的中小投资者挡在了大门之外，科创板的人气不如创业板就在情理之中了。

为此，面对创业板成交金额超越沪市的情况，有业内人士建议，降低科创板投资者开户资金门槛，让更多的投资者进入科创板，以此提高沪市的成交金额。

某些业内人士提出这样的建议是可以理解的。但科创板的投资者开户资金门槛能不能降低呢？进一步说，降低科创板投资者开户资金门槛能不能改变创业板成交金额超越沪市的局面呢？这确实是值得探讨的问题。

其实，科创板投资者开户资金门槛的设置是符合投资者适当性管理制度要求的。科创板之所以设置不低于 50 万元的开户资金门槛，是因为科创板接纳了亏损公司的上市以及特殊股权结构公司的上市。基于对投资者保护的需要，设置不低于 50 万元的开户资金门槛是有必要的。所以，在目前阶段，这个开户资金门槛还不能降低。

进一步说，即便科创板降低开户资金门槛，其现阶段对中小投资者的吸引力也远远不及创业板。因为创业板相对于科创板来说有一个很大的优势：创业板有 900 多只老股，而这些老股中有的股票经过多年的沉淀，股价大幅回落到 4 元、3 元的价位，这些低价股对于中小投资者来说是有吸引力的。反观科创板公司，都是近 2 年来新上市的公司，整个科创板股票价格基本上都高高在上，低于 10 元的股票基本上只有中国通号一只，超过 100 元的股票达 50 只左右，大多数公司的股价在 50 元以上，20 元、30 元的股价在科创板算低的。这样的股价对于中小投资者来说缺少吸引力，而且目前科创板市场的容量也较为有限。

因此，要扭转沪市成交金额低于创业板的局面，寄希望于科创板降低投资者开户资金门槛是行不通的。除沪市本身要增强对市场投资者的吸引力，还有两点是值得考虑的。一是在整个 A 股市场统一实行 20% 的涨跌幅限制。实际上 20% 的涨跌幅限制与注册制改革本身是没有必然联系的。而且在全市场实行 20% 的涨跌幅限制，对于上市公司与投资者来说也是公平的。二是规范 20% 的涨跌幅制度。结合深市对股票风险的等级划分，规定高风险类、次高风险类、关注类三类股票不能使用 20% 的涨跌幅限制，尤其是 ST 类股票，只能执行 5% 的涨跌幅限制。

18

谨防国企成为上市民企的"接盘侠"

2020 年 10 月 12 日，国务院国有资产监督管理委员会副主任翁杰明在国务院政策例行吹风会上全面介绍了国企改革三年行动的主要内容，表示支持国企与民企兼并重组，并未设置界限。从发布会传递的信息来看，在国企改革三年行动中，加强国企与民企的合作将是重头戏。

国企与民企相互兼并重组，是国企改革的重要组成部分，同时也是 A 股市场比较关注的事情。统计显示，2020 年 1 月 1 日至 10 月 13 日，已有近百家 A 股国企上市公司公告了重大重组进程，38 家公司完成了重组，48 家公司仍在进行中，11 家公司公告重组失败。

不过，从国企与民企相互兼并重组的实际情况来看，这种兼并重组基本上是单向的，即国企对民企的兼并。至于民企兼并重组国企，较为少见，即便有民企参与国企的混改，无非就是民企掏一笔资金出来参股国企而已，民企成了国企的财务投资者，当然，说得好听点也可以称为"战略投资者"。2017 年中国联通的混改是典型的例子，当时 BATJ① 通过定向增发参与中国联通的混改，但最终中国联通还是中国联通，BATJ 还是 BATJ，中国联通从 BATJ 手中拿了一笔资金罢了。

国企与民企之间的相互兼并重组之所以表现为单向的兼并重组，原因主要有以下三点。一是最近几年，宏观经济一直在低谷运行，一些民营企业面临着发展上的困难，所以这个时期更需要国企帮一把来渡过难关。二是对于

---

① BATJ 是百度、阿里巴巴、腾讯、京东四大互联网公司的简称。

一些发展势头良好的民企来说，虽然有兼并国企之意，但缺少合适的标的，毕竟好的国企不想被兼并，而差的国企，民企也看不上。三是对于一些上市的民企来说，企业上市也就是船到码头车到站，企业老板想的是如何早日套现落袋为安。至于去收购国企，做大企业，并不是这些民企老板所考虑的。如此一来，国企与民企之间的相互兼并重组基本上就沦为了国企兼并民企的单向兼并重组。

国企兼并重组民企上市公司时，需要提防成为民企的"接盘侠"。毕竟民企上市后，这些企业的老板一夜暴富，因此，兑现财富就成了这些企业老板最想做的一件事情。国企的兼并，可谓正中这些企业老板的下怀。特别是有的企业老板善于资本运作，通过各种利好来让市场炒高股价，然后让国企高位接盘，自己则溜之大吉，实现胜利大逃亡。所以，国企兼并民企时要注意以下几点。

首先，兼并重组的民企要以非上市公司为主，这样更有利于保护国企的利益。这样，收购进来的非上市公司一旦上市，受益的就是国企。相反，收购上市公司，由于股价受到市场的炒作，国企兼并收购需要付出更高的代价。

其次，如果国企一定要收购民企上市公司，那么收购的民企上市公司必须是优质的上市公司，或者是有核心竞争力的上市公司，而不是一家平平庸庸的民企。国企不是救世主，不能把兼并重组当成做慈善，让收购进来的企业变成自己的负担。

最后，国企如果是基于借壳的需要兼并民企，那也需要注意收购的价格是否合理。特别是在当下的 A 股市场中，廉价的壳资源很多，国企没有必要充当冤大头去高价收购一家民企。国企在高位为民企的退出接盘，是对国有资产不负责的表现。

19

设立澳门证交所，宜三思而后行

2019 年 10 月 12 日，在广州举行的"第八届岭南论坛"上，在澳门设立证券交易所一事受到市场的关注。时任广东省地方金融监督管理局党组书记、局长何晓军在论坛上表示，澳门证券交易所（简称澳门证交所）方案已经呈报中央，希望将澳门证交所打造成"人民币离岸市场的纳斯达克"。

何晓军的讲话其实是对《粤港澳大湾区发展规划纲要》的进一步落实。因为此前发布的《粤港澳大湾区发展规划纲要》已明确提出"研究在澳门建立以人民币计价结算的证券市场"，澳门证券市场的建设情况因此备受关注。何晓军的讲话则是将澳门证交所的进展情况进行了一次"公告"，即方案已经呈报中央。也正因为方案已经呈报中央，所以设立澳门证交所事宜才更加引人关注。

不过，尽管何晓军表示澳门证交所方案已经呈报中央，但据澳门金融管理局（以下简称澳门金管局）回应：在澳门建立证券市场仍处于研究阶段。澳门金管局表示，目前已委托国际顾问公司对在澳门建立以人民币计价结算的证券市场开展可行性研究。实际上，要不要在澳门建立证券市场，确实是一件值得研究与三思的事情。

首先，澳门证交所的投资者来自哪里？澳门人口规模太小，2020 年 6 月末的人口数为 68.54 万人。这 68.54 万人口显然是不足以支持澳门证交所的设立的。那么，投资者来自哪里呢？一部分将来自国际市场，但澳门证交所定位为"人民币离岸市场"，以人民币计价结算，因此，这对国际投资者来说是一个限制，进入的国际投资者数量以及资金规模或较为有限。更何况，同在粤港澳大湾区的国际化市场香港股市更加成熟，对于国际投资者来说当然更具吸引力。当然，还有一部分投资者将来自国内市场，即国内的投资者将成为澳门证交所的主角。虽然澳门证交所的定位是"人民币离岸市场"，但由于澳门本身就在祖国的怀抱里，是粤港澳大湾区的组成部分，所以，这个"离岸市场"并没有真正离岸，澳门证交所仍将由国内投资者唱主角。

其次，澳门证交所的上市资源来自哪里？澳门自身的上市资源是非常缺乏的。如此一来，澳门证交所的上市资源只能寄希望于外来。一方面来自国际，即其他国家与地区的企业前来上市；另一方面来自国内。预计国内企业又将唱主角。毕竟澳门证交所"以人民币计价结算"，这一前提也更适合国内企业。如此一来，澳门证交所将成为国内企业上市的又一个主战场。这实际上也是设立澳门证交所的目的所在，即"发挥澳门所长、服务国家所需"。在这方面，澳门证交所或许比香港交易所（以下简称港交所）更具优势，成为粤港澳大湾区的第三家证券交易所。

最后，澳门证交所如何做到"错位发展"呢？澳门金管局称，考虑到澳门周边已有多个成熟的金融中心，澳门要在此领域有所突破，达到错位发展，必须充分了解自身的优势。在粤港澳大湾区，有成熟的香港股市，有飞速发展的深交所，澳门证交所要有所突破，确实只能选择"错位发展"。但如何"错位发展"正是澳门证交所的难点。毕竟在这方面，澳门并无优势可言。投资者主要来自内地，上市公司也主要来自内地，从投资者的角度来说，澳门证交所是对沪深港三交易所的分流，从上市资源来说，同样是对沪深港三交易所的分流。与深交所相比，看不出澳门证交所的"错位"；而与港交所相比，"错位"的仅仅是用人民币计价结算而已，这种"错位"只是表面形式的"错位"而已，并不能构成实质性的"错位发展"。

正因如此，对于建立澳门证交所一事，有关各方确实需要做好可行性研究。在粤港澳大湾区内有没有必要出现第三家证券交易所是值得商榷的。其实，从"服务国家所需"的角度来说，不应开设更多的交易所，而应切实提高现有交易所的竞争力与服务能力。以深交所为例，如何让更多的企业来深交所上市，如何更好地为投资者服务，才是提高竞争力的关键。实际上，对于中国资本市场来说，提高现有交易所的竞争力与服务能力，远比开设更多的交易所更有意义。

20

拒绝"疯牛", A 股市场如何营造一个健康牛市?

2020 年中期, A 股市场出现了持续上涨的走势, 尤其是进入 7 月以来, 上证指数更是连续大涨, 让投资者有一种牛市到来的感觉。特别是 7 月 6 日, 上证指数暴涨 180 余点, 涨幅高达 5.71%, 创两年半新高, 两市成交量逾 1.5 万亿元, 超过 200 只个股涨停, 券商、银行等板块指数接近涨停。

可以和 2020 年 7 月 6 日的 A 股市场走势相比较的是 2015 年的"疯牛"走势。在当时的"疯牛"行情中, 猪飞上了天, 大象也在翩翩起舞。而 2020 年 7 月 6 日 A 股市场的走势, 显然是 2015 年的"疯牛"行情再现。

这个走势很过瘾, 也很痛快。但 2015 年"疯牛"行情带给市场的教训也是深刻的。"疯牛"过后, A 股市场留下的是一地鸡毛, 股指连续暴跌, 千股跌停, 千股停牌, A 股市场接连触及熔断, 甚至出现了一天只交易不到 15 分钟的尴尬局面。投资者损失惨重, 不仅把"疯牛"中的盈利亏掉了, 甚至把本金也亏掉了。A 股市场经此一劫很长时间都难以恢复元气。

正是基于 2015 年"疯牛"行情留下的惨痛教训, 所以面对 A 股市场当下的走势, 一些市场人士纷纷提醒投资者小心"疯牛"。主流的证券媒体同时发声表示: 警惕飙涨变透支, 机构期盼"健康牛"; "全面牛"呼声下需保持一丝理性; 不要好了伤疤忘了痛, 放弃一夜暴富心态, 准确评估风险承受能力, 心中常记"风险"二字, 并希望市场各方做 A 股理性繁荣的推动者。

A 股市场确实需要牢记 2015 年"疯牛"行情带来的教训, 投资者不应该是只有 7 秒记忆的鱼。A 股市场投资者曾经极度羡慕美国股市走出的十几年"史上最长牛市", 但这种"长牛"显然不是"疯牛", 毕竟"疯牛"是没有持续性的，只有"健康牛""慢牛"的行情才能持久，因此，健康牛市才是 A 股市场应有的追求。

那么，如何营造 A 股市场的健康牛市呢？在这个问题上，投资者确实扮演着重要角色。至少从直观上看，行情的"疯"是由投资者的"疯"造成的。如果投资者不疯狂追高，那么行情的"疯"也就不会出现。因此，"疯牛"是投资者制造出来的。所以，要拒绝"疯牛"，营造健康牛市，首先就需要投资者理性投资，在行情"发疯"的情况下，投资者也要保持冷静。比如，只投资优质股和成长股，不盲目追涨，控制仓位，不满仓操作，不进行场外配资，只用自己的闲钱炒股等。实际上，如果投资者都理性，资本市场自然也容易理性，行情想"疯"都"疯"不起来。

当然，要投资者都理性是一件很困难的事情。毕竟投资者的经历不同，对市场的理解不同，投资理念也不同，比如，有的投资者就喜欢投机炒作。也正因如此，要营造健康牛市，把希望完全寄托在投资者身上是不切实际的，还需要其他方面的配合。比如，上市公司要做到健康发展，包括上市公司要保证质量，上市公司各方面的发展都要规范，不能弄虚作假，要遵纪守法，不能从事各种违法违规活动等。只有具有投资价值的上市公司，才能支持牛市健康运行。而垃圾公司、问题公司显然是不能支持股市走出健康牛市行情的。再比如，A 股市场的法制建设也需要完善。A 股市场的一些基础制度需要进一步完善，法律法规需要更加严厉。如上市公司股权结构不合理的问题，需要尽快加以解决。因为上市公司股权结构不合理，导致大股东以及重要股东持股太多，结果让股市成了这些股东的提款机，二级市场的投资者最终成了买单人。又如，对于欺诈发行、财务造假等违法行为，一定要重罚，不仅相关企业要退市，而且要严惩主要责任人，同时要赔偿投资者的损失，切实保护投资者利益，以此增强投资者对股市的信心。

总之，营造健康的牛市是一个系统性的工程，需要多方面的协调发展与健康发展。只有如此，市场各方才能做 A 股理性繁荣的推动者，才能让 A 股市场走上健康发展的道路，并迎来一个长久的牛市行情。否则，由市场的投机炒作所主导的"疯牛"，不仅行情难以持续，而且最终会危及市场的稳定健康发展，给投资者带来不必要的损失。资本市场不应忘记 2015 年"疯牛"行情的教训。

第三部分
制度建设篇

PART 3

01

步入"深水区"的注册制改革应更重视融资质量

从 2020 年 6 月 12 日到 2021 年 6 月 11 日，创业板注册制改革实施整整 1 年时间。2020 年 6 月 12 日，创业板改革并试点注册制系列业务规则发布，打响了资本市场注册制改革向"深水区"推进的第一枪。1 年之后，创业板注册制改革取得丰硕成果。

数据显示，截至 2021 年 6 月 11 日，创业板注册制新上市企业共 137 家，其中高新技术企业 118 家，新上市企业累计融资 1147.18 亿元；已受理再融资 323 家，注册生效 233 家，其中 145 家已完成发行，累计募集资金 1422.02 亿元，5 家简易程序项目募集资金 9.05 亿元；已受理并购重组 22 家申请，8 家注册生效，交易总额为 38.44 亿元。

从注册制改革的成果来看，统计数据更重视的是企业融资，包括 IPO 和再融资。这一点其实并不令人意外。对于注册制改革的实行，当初很多人看重的就是注册制改革可以为企业融资服务。尤其是在 IPO 上，很多人认为实行注册制后，企业只需要注册备案就可以上市了，不再需要证监会发行审核委员会的审核了。这正是不少人竭力主张注册制的原因。因此，考核注册制改革的成果，企业融资情况显然是最重要的指标。

不过，注册制改革固然需要看重企业融资，但在注册制改革步入"深水区"的时候，更应该重视融资的质量。毕竟这是夯实 A 股市场基石的需要，它影响 A 股市场的发展，影响投资者的信心以及投资者利益的保护。重视融资质量，要重点做好以下三点。

首先，要重视 IPO 公司的质量，把好股市的"入口关"，尽可能让优质公司、有发展前景的公司上市融资。这事关整个市场上市公司的质量，也是夯实 A 股市场基石的需要。如果 IPO 公司的质量没有保证，让垃圾公司混进市场，不仅不利于提高整个 A 股市场上市公司的质量，而且是对股市资源的浪费，同时也会动摇投资者对股市的信心。因此，在注册制改革步入"深水区"的时候，有必要对 IPO 公司的质量从严把关。在这个问题上，港交所提高上市门槛的做法是值得借鉴的。注册制下的 IPO，该扶持的要扶持，但该从严把关的就一定要从严把关。

其次，要重视 IPO 公司及上市公司信息披露的质量。这也是管理层目前非常重视的事情，关键是要把 IPO 公司及上市公司违反信息披露要求的责任落到实处。实际上，当下的《证券法》与《中华人民共和国刑法》（简称《刑法》）对于这方面的违法犯罪行为都做出了明确的处罚规定。因此，重视 IPO 公司及上市公司信息披露的质量，就是要切实依法监管，要对信息披露上的违法犯罪行为真正做到"零容忍"，让 IPO 公司及上市公司不敢弄虚作假，让弄虚作假者或进行虚假信息披露者受到法律的严惩。只有如此，IPO 公司及上市公司信息披露的质量才能切实提高。

最后，要重视上市公司再融资的质量，在股市资源配置上真正做到优胜劣汰。再融资是支持上市公司发展的重要手段，也是上市公司发展的加油站。再融资的质量尤为重要，再融资工作做得好，可以为企业的发展插上腾飞的翅膀；如果做得不好，就会造成股市资源的浪费，甚至增加企业的发展包袱。所以对再融资的质量有必要从严把关。比如，对于不缺钱的上市公司，应禁止再融资；又比如，对于前期融资投入未能达到预期效果的公司，也应限制再融资；再比如，对于再融资资金的使用实行责任制，未达到预期效果的，应追究有关责任人的相应责任，不能让上市公司以再融资的名义把股市当成提款机。股市需要支持上市公司的发展，但上市公司也必须对自己的融资行为负责，对投资者负责。

02

沪港互挂 ETF 产品上市是多赢之举

2021 年 6 月 1 日，首对沪港互挂 ETF①产品——华泰柏瑞南方东英恒生科技 ETF、南方东英华泰柏瑞中证光伏产业 ETF，分别在上交所和港交所上市交易，这显然是一件里程碑事情。

自从 2014 年 11 月 A 股市场与香港股市以沪港通的方式开启互联互通以来，两地市场的联系越发密切。越来越多的投资者通过沪港通、深港通的方式互投对方的市场，而且资金交易量越来越大，对对方市场的影响也越来越大。北上资金成了 A 股市场的热门资金，而南下资金也在港股市场中起着重要作用。

沪港互挂 ETF 产品上市，显然是两地互联互通的又一种新的形式，即投资者通过投资 ETF 产品的方式来投资对方的市场。如在上交所挂牌的华泰柏瑞南方东英恒生科技 ETF，聚焦在港上市的优质科技龙头企业，聚焦资讯科技、非必需性消费、工业、金融、医疗保健 5 个板块，对标的指数覆盖了 30 只港股科技龙头，是投资者投资港股的优质标的。因此，投资者购买华泰柏瑞南方东英恒生科技 ETF，就相当于购买了港股市场的一揽子优质股票。这与投资者通过港股通的方式买进港股显然是不同的，投资者通过港股通买进的是香港市场上一只一只的股票，而投资者通过沪港互挂 ETF 产品买进的是股票组合，其投资风险显然要小于单只股票的投资风险。沪港互挂 ETF 产品

---

① ETF 是 exchange traded fund 的简称，即交易型开放式指数基金，是一种在交易所上市交易的、基金份额可变的开放式基金。

上市显然是多赢之举。

首先，此举可以进一步密切两地市场的关系，让更多的投资者投资对方的市场。特别是在首对沪港互挂 ETF 产品上市后，相信会有更多的沪港互挂 ETF 产品推出，届时，这类沪港互挂 ETF 产品将会成为继沪港通、深港通之后，密切两地市场的又一种重要方式。

其次，沪港互挂 ETF 产品也为投资者投资对方的市场提供了新的途径，这是显而易见的，也是沪港互挂 ETF 产品能够密切两地市场的重要原因。一是，投资沪港互挂 ETF 产品没有资金门槛的限制，这对于方便投资者的投资是非常有利的。目前内地投资者投资港股主要通过沪港通、深港通渠道，但沪港通、深港通对内地投资者设置了不低于 50 万元的资金门槛，这实际上就将绝大多数的内地投资者阻挡在了投资港股的大门之外。而沪港互挂 ETF 产品是没有资金门槛限制的，投资者用几百元、几千元、几万元就可以申购这类沪港互挂 ETF 产品，进而通过这种沪港互挂 ETF 产品来投资港股市场。这显然给内地投资者投资港股市场提供了极大的便利。二是，投资沪港互挂 ETF 产品的风险小于投资单只股票的。就个股投资而言，其股价的波动可能较大，如果投资者对相关公司缺少了解，或者在操作的过程中踩错了节奏，那么投资者就不宜买进股票，否则可能遭受较大的投资损失。但 ETF 产品不同，它是一个投资组合，如首次在上交所挂牌的华泰柏瑞南方东英恒生科技 ETF，聚焦在港上市的 30 只优质科技龙头，这样即便投资者对其中的股票不太熟悉，买进该产品的风险仍然是较小的。这对于投资者来说，自然是一件很省心的事情。三是，首对沪港互挂 ETF 产品实行的是 T + 0 交易①，这极大地方便了投资者的交易。这种 T + 0 交易对于内地投资者来说，也是很有吸引力的。

最后，沪港互挂 ETF 产品也为 A 股市场与其他国家和地区的互联互通探索了新的途径。沪港互挂 ETF 产品一旦获得成功，这种方式就可以推广到其他国家与地区，进而方便 A 股市场与这些市场互联互通，进一步扩大 A 股市

---

① T + 0 交易是指股票成交的当天办理好股票和价款清算交割手续的交易制度。通俗地说，就是当天买入的股票在当天就可以卖出。

场的对外开放与合作。毕竟互挂 ETF 产品更便于管理层的操作，同时也方便投资者的投资，确实是两个市场互联互通的便捷方式，这对于 A 股市场的对外开放与合作来说是有积极意义的。而沪港互挂 ETF 产品正是在为 A 股市场的对外开放积极地探路。

03

建立专项赔偿基金是保护投资者合法权益的重大举措

5月15日是全国投资者保护宣传日。在2021年5月15日证监会举办的2021年"5·15全国投资者保护宣传日"活动中，时任证监会副主席阎庆民围绕投资者关心的投资者保护重点、热点问题，阐述了最新的监管态度。

阎庆民强调，投资者保护是一项长期性、基础性的工作，下一步，证监会将坚持把尊重投资者、敬畏投资者、保护投资者作为监管的主题主线，进一步强化"大投保"理念，积极构建公开公平公正的市场环境，为广大投资者提供更加有效的监管保护和救济渠道，切实增强投资者的安全感、获得感。为此，证监会要重点做到"四个一"，这其中就包括：进一步完善"一揽子"的配套制度体系。紧紧围绕推进新《证券法》的贯彻落实，加快有关配套规章制度的制定、修订，抓紧完善相应的工作措施和标准。适时研究启动制定投资者权益保护条例，研究建立投资者保护专项赔偿基金。

研究建立投资者保护专项赔偿基金，是证监会在保护投资者层面上的一个创新提法，同时也是一个与时俱进的提法。因为2020年3月1日起正式实施的新《证券法》引入了代表人诉讼机制，这也是具有中国特色的集体诉讼机制，用以解决个人投资者所面临的诉讼难、诉讼贵等问题。2021年4月，康美药业虚假陈述民事赔偿案由普通代表人诉讼转为特别代表人诉讼，成为中国资本市场首例特别代表人诉讼案，这也意味着中国版的集体诉讼机制正式到来了。

5月15日阎庆民副主席提到的"四个一"中，还包括进一步健全"一竿子"到底的维权机制。发挥投资者行权维权"机制群"效应，推动投保机构代表人诉讼常态化开展，充分发挥投保利器作用。其中的"推动投保机构代表人诉讼常态化开展"是一大亮点，这也是阎庆民副主席提到的"投资者救济赔偿取得新突破"的重要内容。

毫无疑问，投保机构代表人诉讼，也就是特别代表人诉讼，对于解决投资者诉讼难、诉讼贵的问题是有积极意义的，对于保护投资者合法权益有着积极的作用。但在保护投资者方面，特别代表人诉讼不是灵丹妙药，同样也有解决不了的问题，那就是执行难的问题。比如，在一起诉讼中，虽然作为代表人的投保机构取得了胜利，但投资者在赢了官司的情况下，却未必能够赢到钱。因为特别代表人诉讼代表了最大多数的中小投资者的利益，所以索赔的金额也是巨大的，上亿元的赔偿或许还只是起步，十几亿元、数十亿元的索赔或是一种常态。巨大的赔偿金额或许是不少上市公司赔不起的，有的公司干脆耍赖，拒绝赔偿。

但如果投资者得不到赔偿的话，那么投资者的合法权益就无法得到有效保护，如此一来，特别代表人诉讼对于保护投资者合法权益的意义也就要大打折扣了。正因如此，在 A 股市场迎来了特别代表人诉讼的背景下，研究建立投资者保护专项赔偿基金自然就需要提到监管层的日常议程中了。因为只有建立了投资者保护专项赔偿基金，才能在违法犯罪的上市公司或其他当事人无法赔偿投资者损失的情况下，给投资者提供一定比例的赔付，让投资者不至于赢了官司赢不了钱。

但如何建立投资者保护专项赔偿基金确实是需要认真研究的。毕竟该专项赔偿基金涉及保护投资者利益的问题，同时作为一项专项赔偿基金，其金额是一个巨大的数目。因此，赔偿基金的来源问题和使用问题，都需要进行深入的研究，要拿出切实可行的方案来。

比如，投资者保护专项赔偿基金，当然应该有一部分来自国家财政拨款。但除此之外，更主要还应该来自日常的各种计提及罚没款。比如，按上市公司的融资额计提一定比例的赔偿基金，按原始股东的减持套现金额计提一定比例的赔偿基金，对上市公司及董监高等的日常违法违规行为的罚没款全部进入投资者保护专项赔偿基金账户。只有充分扩大投资者保护专项赔偿基金的来源渠道，才能为该基金筹集更多的资金，进而才能在需要的时候更好地保护投资者的合法权益。

04

证券交易印花税调整权收归人大传递三个信息

2021 年 6 月，随着印花税法草案二审稿提请十三届全国人民代表大会常务委员会第二十九次会议审议并通过，证券交易印花税也受到了市场的聚焦，甚至一度在市场上掀起了波澜。

2021 年 6 月 4 日，全国人民代表大会常务委员会法制工作委员会发言人臧铁伟称，根据各方面的意见，拟对草案做出完善性修改，其中包括适当降低税率。受此消息影响，当天早盘收市时，券商股出现飙升的走势。不过，这种飙升的走势并没有持续太久，下午复牌后，券商股在习惯性冲高后便恢复了平静。市场传来的消息称，证券交易印花税税率保持不变。2021 年 6 月 4 日，券商股的走势属于"乌龙"。

而根据随后从十三届全国人民代表大会常务委员会第二十九次会议传来的消息，提请审议的印花税法草案二审稿并没有对证券交易印花税税率做出调整，仍然只对证券交易的出让方征收成交金额的千分之一印花税。证券交易印花税税率保持不变得到证实。且印花税法草案二审稿已于 6 月 10 日下午表决通过，并将自 2022 年 7 月 1 日起施行。

从表决通过的《中华人民共和国印花税法》来看，对证券交易印花税有一个很重要的调整，那就是将证券交易印花税税率的调整权收归全国人民代表大会（以下简称人大）。因为从过去的情况来看，证券交易印花税的管理一直未纳入法律的轨道，只是以法规条例的方式来管理，所以证券交易印花税税率的调整权隶属于国务院，通常由财政部、国家税务总局、证监会联合决定。而且，财政部和国家税务总局在 2018 年 11 月 1 日对外发布

《中华人民共和国印花税法（征求意见稿）》时还曾做出规定，证券交易印花税的纳税人或者税率调整，由国务院决定，并报全国人民代表大会常务委员会备案。

但从印花税法草案二审稿来看，国务院可以根据国民经济和社会发展的需要，对居民住房需求保障、企业改制重组、支持小型微型企业发展等情形规定减征或者免征印花税，报全国人民代表大会常务委员会备案。证券交易印花税的调整并没有纳入国务院决定的范围中，这就意味着证券交易印花税的调整只能由全国人大及其常务委员会来完成。

那么，证券交易印花税调整权收归人大是怎样的一个信号呢？它至少透露出以下三个层面的信息。

首先，证券交易印花税调整权收归人大，是高层落实"不干预"监管思路的表现。近年来，高层对于资本市场的监管提出了"建制度、不干预、零容忍"的九字方针。证券交易印花税调整权收归人大就是落实"不干预"的重要体现。因为一直以来，证券交易印花税调整是管理层调控股市的重要手段，最著名的事例就是2007年5月30日的"半夜鸡叫"事件。为了打压当时过热的股市行情，财政部于当年5月30日深夜发布消息，将股票交易印花税税率由1‰调整为3‰，股市因此大跌。将证券交易印花税调整权收归人大，就可以减少这类干预了。

其次，证券交易印花税调整权收归人大，意味着证券交易印花税税率一经确定就会在较长时间内保持稳定。毕竟通过人大及其常务委员会来调整证券交易印花税，需要走较长的法律程序，不是说调整就可以调整的。如2007年5月30日的"半夜鸡叫"，晚上开个会议就可以做出决定，这在证券交易印花税调整权收归人大后显然是不可能发生的。

最后，证券交易印花税调整权收归人大，意味着证券交易印花税将会恢复其作为税收的本来面目，其对股市的调节功能将会逐步削弱。这一方面是由于高层的"不干预"方针，另一方面与证券交易印花税调整权收归人大后，调整证券交易印花税周期较长有关。比如，在股市低迷时，市场期待管理层通过降低印花税税率来救市，但由于调整证券交易印花税的流程较长，人大及其常务委员会很难在短时间内审议通过相关议案，因此，这很难在时效性上满足降低印花税税率来救市的需求。如此一来，证券交易印花税对股市的调节功能自然就会逐步削弱，从而恢复其作为一种税收的本来面目。

05

既要防资本市场违法违规"造富"，
也要防不当"造富"

2021年7月5日，证监会党委专门举行理论中心组（扩大）学习会。在这次会议上，证监会重磅发声，表示要严把资本市场入口关，坚决防止资本无序扩张，防范少数人利用资本市场违法违规"造富"。

资本市场是一个各方利益重新分配的场所，而在利益重新分配的过程中，"造富"也就成了股市的功能之一。特别是最近几年，随着IPO进程的加快，股市的"造富"明显也在加快。然而，股市本身是不创造价值的，只是一个零和游戏。股市"造富"无非是将大多数人的财富集中在少数人手中。这其中就包括少数人利用资本市场违法违规"造富"，而这种"造富"显然是资本市场不允许的。因此，证监会强调要防范少数人利用资本市场违法违规"造富"是很有必要的。

那么，如何防范少数人利用资本市场违法违规"造富"呢？证监会提出"严把资本市场入口关，坚决防止资本无序扩张"。从证监会的提法来看，重在从发行环节来解决问题，即在发行环节避免违法违规行为的发生，进而避免给少数人带来"造富"机会。

正因如此，在发行环节有必要做好两方面的工作。一是防止有权人员以权谋私突击入股。在IPO之前突击入股，低价拿到有关企业的股份，一旦这些企业成功上市，这些突击入股者就可以获得暴利，也就是一夜暴富。二是防止企业造假上市，这是"严把资本市场入口关"所必须把守的事情。一些企业原本不符合上市条件，但它们包装上市，造假上市，除为了实现上市融资，还有一个更重要的目的，就是让企业的重要股东一夜暴富。正是股市的这种"造富"功能，吸引着这些企业勇往直前。因此，必须对企业造假上市行为予以严惩。

实际上，防范少数人利用资本市场违法违规"造富"，仅从发行环节入手显然是不够的。在企业上市之后，同样要防范少数人利用资本市场违法违规"造富"，要着重防范两个方面的问题。一是上市公司向重要股东进行利益输送。比如，重要股东限售股解禁减持，上市公司推出高送转等利好消息护航，让重要股东以更高的价格减持，这种情况在 A 股上市公司中并不少见。二是上市公司、重要股东以及主力机构联手进行内幕交易，操纵股价，让市场主力炒高股价来配合重要股东减持。如此一来，重要股东减持同样的股份，其收益或许会翻倍，这同样也是一种"造富"。当然，这些"造富"都是违法违规的，应依法予以惩治。

不过，就资本市场来说，除了要防范少数人利用资本市场违法违规"造富"，还应该防范某些人利用资本市场不当"造富"。这种"造富"本身并不违法违规，钻的是法律或制度不完善的空子。因此，这种"造富"是不当"造富"。

在不当"造富"问题上，资本市场制度上最大的空子就是股权结构的不合理。不仅上市公司大股东"一股独大"，而且上市公司首发上市时，限售股数量数倍于公众流通股数量。比如，上市公司股本总额不足 4 亿元的，限售股规模是首发流通股的 3 倍；上市公司股本总额达到 4 亿元的，限售股规模是首发流通股的 9 倍。这里大规模的限售股就是用于"造富"的。各种一夜暴富的故事就隐藏在这些限售股之中。这可以说是制度上最大的漏洞。

不仅如此，减持规定的不完善同样也"成就"了不少限售股股东，使他们一个个成为股市造出来的富人。比如，控股股东可以清仓减持，结果控股股东暴富了，却把一个空壳留在了市场上。又比如"变脸减持"，一边上市公司在业绩"变脸"，一边重要股东大量减持股票，把投资风险都留给了二级市场上的投资者。这样的"造富"显然是不当"造富"，需要通过法制的完善来予以防范和制止。

当然，股市作为一个各方利益再分配的场所，不可避免地会"造富"，这也是股市的魅力所在。但"造富"应该是合法合规的，同时也应该是公平合理的。特别是对上市公司重要股东的"造富"，更令人满意的局面是，这些重要股东把一家优秀的公司推向市场，交给投资者。这样，重要股东因为公司上市达到了一夜暴富的目的，投资者也可以在陪伴上市公司成长的同时得到应有的回报。这就是上市公司、重要股东、投资者以及市场之间的多赢。这样的"造富"是资本市场所希望看到的。而不能只是富了上市公司重要股东却亏了上市公司的投资者，这样的"造富"显然是股市的大忌。

06

投行归位尽责，核心在于依法追究法律责任

2021 年 7 月 9 日，证监会发布《关于注册制下督促证券公司从事投行业务归位尽责的指导意见》（以下简称《指导意见》），并自公布之日起施行。发布《指导意见》的目的是进一步强化对注册制下保荐承销、财务顾问等投资银行业务（以下简称投行业务）的监管，督促证券公司认真履职尽责，更好地发挥中介机构的资本市场"看门人"的作用，为稳步推进全市场注册制改革积极创造条件。

投资银行（以下简称投行）认真履职尽责，归位尽责，是对投行最基本的要求。在资本市场，包括保荐机构等中介机构在内的投行，充当着资本市场"看门人"的角色，如果它们不能归位尽责，就意味着资本市场的"看门人"形同虚设，如此一来，也就没有人为资本市场"看门"了，任何人、任何企业都可以自由进入这个市场，资本市场因此就会变成公众牧场，甚至变成一个垃圾场。在这种情况下，也就谈不上资本市场的健康发展了。因此，让投行归位尽责，是资本市场对投行最基本的要求。如果投行做不到这一点，也就没有必要存在下去了。

让投行归位尽责是很有必要的。为此，《指导意见》对投行业务提出了诸多的要求，如完善发行承销制度，完善投行业务执业标准等。《指导意见》指出，完善投行业务执业标准，完善证券公司保荐承销、重大资产重组财务顾问尽职调查、工作底稿等执业规范，进一步明确证券公司的基本职责和执业重点，压实投行责任；同时，充分发挥各中介机构专业优势，适度减少证券公司与其他中介机构之间的重复工作。以投资者需求为中心，提高信息披露

的针对性、有效性和可读性，优化招股说明书披露规则，研究制定 IPO 特定行业信息披露规则。完善公司债券受托管理执业标准，细化受托管理人处置公司债券违约风险指引。

对投行业务提出诸多的要求，就是为了让投行认真履职尽责，当好资本市场的"看门人"。因此，确实有必要在制度方面对此做出明确的规定，明确投行的执业标准与行为规范，压实投行的责任。这一点是至关重要的。这也是让投行归位尽责的第一步。

但要让投行归位尽责，更重要的是要依法追究投行的法律责任。发文敦促投行归位尽责，不如依法追责更能让投行归位尽责。在完善制度、明确责任的情况下，依法追究投行的法律责任，是让投行归位尽责的最有效的方式与途径。管理层如果用好这个法律武器，让投行归位尽责就不是一件困难的事情。管理层要完善制度，明确投行的责任，然后严格执法。

何出此言？因为现行《证券法》对投行追责的力度还是很大的。比如，《证券法》第一百八十二条规定，保荐人出具有虚假记载、误导性陈述或者重大遗漏的保荐书，或者不履行其他法定职责的，责令改正，给予警告，没收业务收入，并处以业务收入一倍以上十倍以下的罚款；没有业务收入或者业务收入不足 100 万元的，处以 100 万元以上 1000 万元以下的罚款；情节严重的，并处暂停或者撤销保荐业务许可。对直接负责的主管人员和其他直接责任人员给予警告，并处以 50 万元以上 500 万元以下的罚款。

在上述规定中，对投行的处罚既有"责令改正，给予警告"这样的软措施，也有"没收业务收入，并处以业务收入一倍以上十倍以下的罚款"这样的强硬措施，更有"情节严重的，并处暂停或者撤销保荐业务许可"这样的刚性措施。如果真的没收业务收入并处以近十倍的罚款，这对于任何一家保荐机构来说都是具有震慑力的。更何况还有"撤销保荐业务许可"这样的处罚，这相当于直接端掉了保荐机构的饭碗。这是任何一家保荐机构都不希望发生的。

不仅如此，对于投行的追责还包括要依法承担赔偿投资者的责任。《证券法》第八十五条明确规定：信息披露义务人未按照规定披露信息，或者公告的证券发行文件、定期报告、临时报告及其他信息披露资料存在虚假记载、误导性陈述或者重大遗漏，致使投资者在证券交易中遭受损失的，信息披露义务人应当承担赔偿责任；发行人的控股股东、实际控制人、董事、监事、高级管理人员和其他直接责任人员以及保荐人、承销的证券公司及其直接责任人员，应当与发行人承担连带赔偿责任，但是能够证明自己没有过错的除外。赔偿投资者，这足以让投行"大放血"，这对于投行来说又是严厉的惩罚，也足以让投行回到归位尽责的轨道上。

一方面是严厉的处罚，另一方面是赔偿投资者损失，可见，《证券法》已经给管理层提供了有力的武器，接下来管理层要做的就是严格执法，依法从严追究投行的法律责任，让投行归位尽责。对此，投资者可以充满信心。

07

打击证券违法活动，可从四个方面落实"零容忍"

2021 年 7 月，中共中央办公厅、国务院办公厅印发《关于依法从严打击证券违法活动的意见》（以下简称《意见》），要求各地区各部门结合实际认真贯彻落实。此举对于中国资本市场的发展来说是一件意义重大、影响深远的大事，将力推中国资本市场在严监管、"零容忍"的道路上向前迈进。

资本市场越发展，就越需要严监管，就越需要依法从严打击证券违法活动，就越需要对证券违法犯罪行为"零容忍"。因此，《意见》是促进中国资本市场健康发展的重要文献。它为全面深化资本市场改革、更好推动资本市场高质量发展提供了重要保障，而且它完善了中国特色证券执法司法体制机制的顶层设计。《意见》以体制机制改革为主线，确立了"十四五"期间证券执法司法工作的主要目标与重点任务，目标清晰、路径明确，对实现行政执法与刑事司法高效衔接、提高证券执法司法效能具有重要意义。

如何贯彻落实《意见》，是资本市场下一步需要直面的问题。《意见》再重要，如果不予以落实，那也显示不出它的重要性。要将《意见》贯彻落实，其中非常重要的一点就是要把"零容忍"落在实处。

其实，不论是近年来监管部门的日常监管，还是本次发布的《意见》，"零容忍"都是其中的重要内容。在日常监管中，"零容忍"是经常被提及的。而在本次发布的《意见》里，在"指导思想"部分提到"坚持建制度、不干预、'零容忍'，加强资本市场基础制度建设"；而且《意见》中"工作原则"的第一条就是"坚持'零容忍'要求。依法严厉查处证券违法犯罪案件，加大对大案要案的查处力度，加强诚信约束惩戒，强化震慑效应"。可见，《意见》对于"零容忍"也是高度重视的，毕竟这是加强市场监管的必经之路。如果监管做不到"零容忍"，那么就很难实现良好的监管效果，监管也会形同虚设。因此，要加强监管就必须做到"零容忍"。

那么，如何将"零容忍"落到实处？落实"零容忍"的重点在哪里？在这两个问题上，以下四个方面是非常重要的。

首先，对于所有的证券违法违规行为，都应"零容忍"，将其一网打尽。不能选择性执法，或者钓鱼式执法，对有的人"零容忍"，对有的人睁一只眼闭一只眼。"零容忍"就是要对所有的违法违规行为都予以查处，不能让某些违法违规行为成为漏网之鱼。做到这一点是至关重要的。这样就可以避免某些人抱有侥幸的心理，认为自己可以逃避处罚，因此做出违法违规的事情。

其次，对证券违法违规行为"零容忍"就是要对违法违规行为出重拳，而不是挠痒痒。这一点对于依法从严打击证券违法活动来说很有必要。过去的执法确实存在这方面的问题。比如，旧《证券法》对上市公司在信息披露方面弄虚作假的处罚上限也就是60万元。这60万元的罚款对于上市公司来说跟挠痒痒没什么区别。这样的处罚很难起到打击违法犯罪的作用，结果导致上市公司信息披露弄虚作假的违法行为接连不断。好在新《证券法》对此做出了修改，但在执法的过程中还是要避免处罚太轻的挠痒痒做法，而是应该使出重拳，对市场形成震慑力。

再次，对证券违法违规行为"零容忍"，有必要《刑法》与《证券法》一起上。目前对证券违法违规行为的处罚，更多是依据《证券法》，追究刑事责任的案件较少。实际上，对于一些性质恶劣、情节严重的案件，仅仅依据《证券法》来进行处罚，力度往往不够，有必要追究刑事责任。此举有利于加大对违法犯罪行为，尤其是重大违法犯罪行为的处罚力度，进一步增强对市场的震慑力。

最后，对证券违法违规行为"零容忍"，还必须重视对投资者的赔偿事宜，切实保护投资者利益。对投资者的赔偿，除了是对投资者的保护，同时更是对违法违规行为的惩罚。现行的《证券法》引入了代表人诉讼机制，一旦采取特别代表人诉讼，就会让违法违规者付出较大的代价，赔偿几亿元甚至更多将会是一种常态。违法违规者赔偿投资者几亿元，不只保护了投资者的利益，更是对违法违规者的严厉惩罚。因此，这个"零容忍"是必不可少的，也是依法从严打击证券违法违规活动的题中之义。

08

资本市场如何为中小企业发展创造好的条件？

在 2021 年 7 月 27 日召开的全国"专精特新"中小企业高峰论坛上，国务院副总理刘鹤在线致辞。刘鹤特别提到，要为中小企业发展创造良好环境，资本市场将为中小企业发展创造好的条件。

"资本市场将为中小企业发展创造好的条件"这一提法受到业内人士的广泛关注。

资本市场归根结底就是一个资金市场。因此，资本市场不可能给中小企业提供技术资源，也不可能给中小企业提供人力资源，更不可能给中小企业提供它们所需要的市场。因此，资本市场为中小企业发展创造好的条件，归根结底是要为中小企业的发展提供资金上的支持，也就是支持中小企业的融资，解决中小企业发展所面对的资金问题。

支持中小企业的融资是 A 股市场理所当然要承担的责任，这其实也是许多中小企业的一大愿望，即到 A 股市场上市融资。这既是 A 股市场的一大使命，也是 A 股市场一直都在积极进行的一项工作。尤其是随着中小板、创业板、科创板的开设以及注册制在科创板、创业板的试点，A 股市场为支持中小企业上市融资做出了重大的贡献。下一步，为支持中小企业上市融资，A 股市场还可以在以下两个方面做出努力。

一方面是在整个 A 股市场实施注册制，这实际上也是目前管理层正在积极进行的一项工作。如 2021 年 4 月发布的《中共中央 国务院关于支持浦东新区高水平改革开放打造社会主义现代化建设引领区的意见》，就明确提出要研究在全证券市场稳步实施以信息披露为核心的注册制。注册制在一定程度上放宽了企业上市的条件，可以更好地满足企业上市的需要，这对支持中小企业上市融资是有积极意义的。

另一方面是要进一步完善 IPO 制度，及时处理 IPO 过程中所发现的问题。比如，目前 IPO 公司股权结构不合理的问题，导致企业融资不多，且股东套现压力不小，以致股东减持套现的金额远远高于企业融资的金额。由于企业上市时首发规模偏小，所以企业 IPO 融资不过几亿元、十几亿元，而股东减持套现的金额达几十亿元甚至数百亿元。一家企业股东套现的金额足够让更多的企业上市融资。因此，IPO 公司股权结构不合理的问题有必要及时予以解决，从而让更多的中小企业上市融资。又比如，目前 A 股市场 IPO 过程中出现的询价机构抱团压价的问题，这对于企业上市融资是很不利的。如 2021 年 7 月 19 日在创业板上市的读客文化，由于询价机构抱团压价，最终超低价发行，发行价格只有每股 1.55 元，结果公司上市募资仅 6201.55 万元，与计划募资的 2.68 亿元相差甚远，仅完成募资计划的 23%。这种情况在科创板同样存在，如在科创板上市的正元地信，发行价格为每股 1.97 元，实际募资仅为计划募集资金的 56% 左右。这些企业上市了，但必要的募资却没有完成，这显然是不利于企业发展的。因此，询价机构抱团压价的问题有必要予以解决。比如，针对中小企业 IPO 上市可以推出定价发行的发股方式，避免出现询价机构抱团压价导致的 IPO 募资不足的问题。

当然，资本市场为中小企业发展创造好的条件，还需要充分发挥新三板市场与债券市场的融资功能。毕竟在众多的中小企业中，能够符合 IPO 上市条件的终究只是少数，绝大多数的中小企业是难以满足股票公开发行上市条件的。因此，这些中小企业可以选择在新三板市场挂牌交易，或者通过债券市场进行债券融资。而这其中，我更建议中小企业选择在新三板市场挂牌交易。

之所以建议更多的中小企业选择在新三板市场挂牌交易，一方面是因为新三板市场的门槛相对较低，更适合中小企业进入；另一方面是因为新三板市场的分层设置可以很好地满足中小企业发展的需要，从基础层到创新层再到精选层，而当企业在精选层发展到一定程度后，可以直接通过转板机制到科创板或创业板上市。

09

两招轻松解决"抱团报价"弊端

针对部分网下投资者重策略轻研究，为博入围"抱团报价"，干扰发行秩序等新情况新问题，证监会出招应对。

2021年8月6日，证监会就修改《创业板首次公开发行证券发行与承销特别规定》部分条款向社会公开征求意见，取消新股发行定价与申购安排、投资者风险特别公告次数挂钩的要求，平衡好发行人、承销机构、报价机构和投资者之间的利益关系，促进博弈均衡，提高发行效率。

针对"抱团报价"，证监会、交易所和中国证券业协会将从优化规则和加强监管两方面采取相关措施，维护良好发行秩序。一方面，根据市场形势变化，完善股票发行定价、承销配售等相关制度规则，优化报价流程，平衡好发行人、承销机构、报价机构和投资者之间的利益关系，推动市场化发行机制更有效发挥作用。另一方面，加强报价机构监管，规范报价行为，重点加大对串价等干扰发行定价行为的打击力度，及时出清不专业、不负责任的机构，督促报价机构完善内控机制，提高发行承销监管的针对性和有效性。

证监会此番向"抱团报价"出手并不令人意外。毕竟，此前创业板新股读客文化的发行上市在市场上反响巨大。一方面，在询价机构的"抱团报价"或抱团压价之下，读客文化以1.55元的发行价格创下创业板开板以来的新低；另一方面，2021年7月19日该股上市，首日涨幅高达1943%，创下A股市场新股上市首日涨幅的最高纪录。正是由于询价机构的抱团压价，该公司募资严重不足，该公司计划募资2.68亿元，实际募资6201.55万元，募资只有原计划的23%，扣除发行费用后募资净额只有4372.81万元。该公司的发展也因此受到影响。

正是询价机构在读客文化新股询价中的过度压价，导致市场上要求修订新股定价制度的呼声不断。所以，证监会顺应市场呼声，终于向这种"抱团报价"行为出手了。

实际上，对于询价机构来说，"压价"是必然。毕竟在当下的询价发行中，大多数的发行份额都配售给了网下的询价机构，如读客文化61%的发行份额配售给了网下询价机构。因此，发行价格的高低直接关系到询价机构的切身利益，所以询价机构向下压价是情理之中的事情，询价机构抬价反倒不符合利益原则。

那么，如何有效抑制询价机构"抱团报价"呢？管理层表示将从优化规则和加强监管两方面采取相关措施。如何优化规则呢？我建议采取以下两招。

一是扩大网上直接定价发行的适用范围，让更多的公司可以选择网上直接定价发行的方式，从而减少询价发行方式中的机构询价环节。目前，新股发行主要采取询价发行的方式，只有发行数量不超过2000万股且无老股转让的公司才能采取网上直接定价发行。实际上，对于网上直接定价发行，可以取消"不超过2000万股"这个发行数量的限制，让发行人在慎重考虑发行失败风险的情况下，自主选择是采取询价发行还是网上直接定价发行，这更符合市场化原则，同时也更利于维护发行人的利益。一旦更多的发行人选择网上直接定价发行，那么这些公司就不需要进行新股询价了，也就可以避开询价机构"抱团报价"了。

二是采取询价发行的公司，可以在网下询价环节引入竞价机制，报价高者可以优先认购。比如，按询价报价高低顺序，前100名询价机构或前200名询价机构可以按各自所报出的价格来认购网下配售的股份，将第100名或第200名的有效报价确定为新股的发行价格，作为网上认购的发行价格。这样就可以避免在网下询价的过程中，询价机构抱团压价，同时也可以充分发挥询价机构的价值发现功能，让参与网下询价的询价机构报出合适的价格，这对于询价机构的定价能力来说也是一个考验，可以避免询价机构滥竽充数或胡乱报价。毕竟询价机构报高了价格就要付出更高的成本，而报低了则可能会失去网下配售的机会。

10

堵住股市"黑嘴",净网只是第一关

"操盘手×老师推荐黑马,传授十几年炒股经验""专家一对一指导,加我领牛股""内部消息:将有一只起爆拉升牛股,有要参加的朋友可以加QQ",对于投资者来说,前述类似的消息实在是再熟悉不过了。在互联网上,这样的消息随处可见。投资者如果相信了的话,很容易上当受骗。

实际上,这是市场上一些股市"黑嘴"惯用的伎俩。股市"黑嘴"通常会利用网络平台来发布虚假的、蛊惑性的信息,引诱投资者上钩,通过养粉荐股后的反向操作来收割散户,市场上常见的"杀猪盘"大多就是这样的操作模式。这种操作模式会导致个股暴涨暴跌,严重扰乱正常的股市交易秩序,侵害投资者的合法权益。

正因如此,为进一步规范互联网金融信息传播秩序,依托综合协调处置机制,监管部门正在出手。根据微信公众号"网信上海",近期,中共上海市委网络安全和信息化委员会办公室(以下简称上海网信办)会同证监会上海监管局(以下简称上海证监局)联合开展涉非法证券期货活动网络信息专项整治工作,坚决遏制各类违法违规信息传播。专项整治期间,属地主要网站查删拦截有害信息 1.7 万余条,下架音视频专辑、节目 3187 个,处置违法违规账号 8000 余个,关闭直播间 53 个,有效净化网络生态环境。

通过专项整治来净化网络生态环境(简称净网),对于堵住股市"黑嘴"来说确实具有积极的意义。可以说,净网是堵住股市"黑嘴"的一个重要渠道,也是堵住股市"黑嘴"的第一道关口。如果真的实现了有效净网的目标,那么至少一些低端的股市"黑嘴"也就失去了生存的土壤。如此一来,股市里的"黑嘴"就会大幅减少。

但净网很难彻底消灭股市"黑嘴",也很难将股市"黑嘴"完全堵上。一是,专项整治活动通常都是阶段性的,在专项整治期间或许可以取得很好的成效,但专项整治过后,股市"黑嘴"难保不会卷土重来。二是,上海网信办会同上海证监局联合开展的专项整治活动,主要整治的是上海地区的"黑嘴",上海地区之外的"黑嘴"受到的影响似乎较小。三是,对于一些狡猾的股市"黑嘴"来说,网络只是其活动的平台之一,他们还有其他的活动平台。因此,净网并不能完全堵住这些股市"黑嘴"。所以,要堵住股市"黑嘴",要打击股市"黑嘴",除了净网,还需要做好以下几个方面的工作。

首先,要加强对股市"黑嘴"的日常防范与监管工作。比如,但凡在互联网平台上涉及股票推荐、个股投资、招收会员等内容的,都必须亮证经营,需要亮明自己的从业资格证以及所在机构的相关证照。通过亮明证照的方式,将一些没有从业资格的股市"黑嘴"堵住,这实际上也是净网的一部分,是一项长期工作。这项工作与管理层的日常监管紧密结合在一起。要做好这项日常监管工作,除了要加强对股市"黑嘴"的日常监管,也需要做好对平台方的日常监管工作,尤其是要让平台方成为监管部门的得力助手,协助监管部门做好对平台上股市"黑嘴"活动的日常监管工作。

其次,要加大对股市"黑嘴"的打击力度,给予重罚,甚至追究其刑事责任。对于封堵与打击股市"黑嘴"来说,这一点尤为重要。股市"黑嘴"之所以成为市场上"打不死的小强",很大程度上与股市"黑嘴"受到的处罚偏轻有关。一方面,很多"黑嘴"并没有受到惩处;另一方面,对"黑嘴"的处罚总体偏轻,以至于在市场上充当股市"黑嘴"往往有利可图。而新《证券法》给予股市"黑嘴"的最高处罚是"没一罚十",而且对于情节严重构成犯罪的,还将追究刑事责任,这对于股市"黑嘴"来说是有震慑力的。法律的震慑力关键在于执法到位,要对股市"黑嘴"予以严厉的打击。

最后,要完善举报制度,对股市"黑嘴"的违法违规行为举报有奖,而且实行重奖。包括股市"黑嘴"的违法违规行为在内的诸多证券市场违法违规活动,其实是具有一定的隐蔽性的。有的股市"黑嘴"甚至跟监管部门"打游击"。监管部门查处的时候，玩消失，但等监管风波过后，又死灰复燃。因此，对于这类包括股市"黑嘴"的违法违规行为在内的证券市场违法违规活动，可实行举报制度，发动群众来举报股市"黑嘴"，并给举报人重奖（比如，奖金不低于罚款的10%）。这显然是有利于打击股市"黑嘴"的，让股市"黑嘴"成为过街老鼠。

11

上市公司高管薪酬需要"四个挂钩"

继 2020 年年度报告披露领薪高级管理人员报告期内部分薪酬后，民生银行于 2021 年 8 月又发布了补充公告，披露了该公司高级管理人员（以下简称高管）2020 年度税前薪酬其余部分。至此，民生银行的高管薪酬再度成为市场关注的一个焦点。

从 2020 年民生银行的高管薪酬来看，民生银行行长郑万春年薪达 665.20 万元，薪资水平行业内领先。而在民生银行目前的 14 位高管中，执行董事、副行长袁桂军是 2020 年才当选的新人。除袁桂军外，其他 13 位高管 2020 年的平均薪酬为 456.68 万元，这遥遥领先于上市银行高管平均薪酬。

民生银行高管的高薪令人羡慕，同时也令人困惑，因为民生银行高管的高薪并未带来民生银行业绩的高增长。在民生银行高管享受着全行业顶级薪酬的同时，2020 年民生银行实现净利润 343.09 亿元，比 2019 年下降了 36.25%，这在全行业内是绝无仅有的。与此相对应的是，民生银行的股价一路下跌。2020 年，民生银行的股价下跌了 18.24%；2021 年又继续下跌：持有民生银行股票的投资者损失惨重。

不论是民生银行业绩的大幅下降，还是民生银行股价的大幅下跌，都明显与民生银行高管同行业的顶级薪酬格格不入。虽然民生银行高管颇有自知之明，其在 2020 年实际上已经进行了降薪处理。据 2019 年年报和补充公告，民生银行原董事长洪崎薪酬总计约为 722 万，行长郑万春薪酬总计约为 688 万元。该行 13 位高管平均薪酬约为 520.99 万元，而 2020 年 13 位高管平均薪酬为 456.68 万元，相当于下调了 12.34%。尽管如此，这并没有改变民生银行高管高薪与银行业绩大幅下滑、股价大幅下跌不协调的局面。民生银行高管的高薪似乎受业绩的影响很小,更与公司股价的下跌没有任何关系。

民生银行高管的这种高薪显然不合理,民生银行有必要对其高管的薪酬制度做出调整,而调整的内容主要在于"四个挂钩"。

其一是与同行业高管的平均薪酬挂钩。民生银行的利润在同行业中处于中游水平,但高管薪酬在同行业中名列前茅,这样的薪酬显然是不合理的。因此,民生银行高管的薪酬有必要与同行业高管的平均薪酬挂钩,取同行业高管的平均薪酬,再做一定的下浮,因为民生银行的盈利水平在同行业中处于中游水平。

其二是与公司的业绩挂钩。公司业绩增长,高管的薪酬可以保持同步增长;公司业绩下降,高管的薪酬则保持同步下降。比如,2020 年民生银行净利润同比下降 36.25%,那么,高管的薪酬也应下调 36.25%。而民生银行2020 年高管平均薪酬只下调了 12.34%,这个下调幅度显然偏小了。

其三是与公司的股价或市值挂钩。这个挂钩主要是为了促使上市公司高管关心二级市场投资者的命运,而不是置投资者的命运于不顾,只管拿自己的高薪。比如,2020 年民生银行股价下跌 18.24%,那么其高管的平均薪酬也应减少 18.24%。如此一来,上市公司高管的利益也就和二级市场投资者的利益挂钩了,上市公司高管自然就会关心二级市场投资者的命运。而由于市场具有不确定性,所以,该项因素对高管平均薪酬的影响可以设置一个上下限,如以 50% 为限。

其四是与公司给投资者的回报挂钩。这里的回报,主要是指上市公司给予投资者的现金分红以及用以注销的股份回购。上市公司给投资者的回报增加,其高管的平均薪酬也可以同步增加;回报减少,其高管的平均薪酬也应同步减少。当然,由于上市公司存在不分红的情况,所以,该因素对高管平均薪酬的影响可以确定一个上下限,比如以 20% 为限。

当然,上述第二、三、四项挂钩在具体的操作中需要注意一定的技巧。比如,若第二、三、四项挂钩是同向变化的,可以取其中的最大值作为高管薪酬调整的幅度。如三项挂钩均是下降的,其中的最大值为净利润,下降

36.25%，那么就按此最大值来下调高管薪酬。如果三项挂钩中有反向变化的，那么，这种反向变化就可以起到对冲作用。假设民生银行股价上涨了20%，那么股价上涨就可以与利润下跌进行对冲，最后按16.25%来下调高管薪酬。

12

注册制下的新股发行制度可从三个方面完善

目前，注册制改革试点已实施逾 2 年，制度整体平稳，实施有效，相关理念逐渐深入人心，为此，在 A 股市场全面实施注册制成了各方面都在关注或研究的问题。因此，总结注册制改革试点所取得的宝贵经验，正视注册制改革所存在的不足，就成了监管部门的一项重要课题。

正因如此，2021 年 8 月，券商中国报道，近期有地方证监局向上市企业、拟上市公司、中介机构征询意见，主要征集有关注册制改革的建议，以向证监会反馈。同时，有关人士透露，证监会、交易所、中国证券业协会、地方证监局也已注意到注册制改革过程中出现的某些乱象，或在酝酿深化改革措施。知情人士表示，在地方证监局召开的征集意见的座谈会中，修订新股定价制度的呼声甚高，在业内人士看来，新股定价制度的修订已变得迫在眉睫。

新股定价制度的修订之所以受到关注，很显然与不久前创业板公司读客文化的发行有关。2021 年 7 月，新股读客文化以 1.55 元的发行价格创下创业板开板以来的新低，但 7 月 19 日，该股上市首日涨幅就高达 1943%，创下目前为止 A 股市场新股上市首日涨幅的最高纪录。一方面新股发行市盈率持续走低，另一方面新股上市后的爆炒依然不变，新股询价对 IPO 的价值发现功能明显失效，并由此导致不少 IPO 公司募资不足，如读客文化的募资只占原计划募资的 23%，公司虽然上市了，但股市支持企业发展的任务没有很好地完成。也正因如此，新股定价制度所存在的问题受到了市场的重视。

从读客文化发行上市所暴露出来的问题来看，新股定价制度确实有必要做进一步的修订与完善。在这个问题上，义翘神州的超高价发行可以给市场带来有益的启发。2021 年 8 月，义翘神州以 292.92 元的发行价格创下了 A 股市场新股发行最高价的纪录。义翘神州因为发股数量只有 1700 万股（不超过 2000 万股），所以采取的是直接定价发行的方式。义翘神州的超高价发行与读客文化的超低价发行形成了鲜明的对比。正因如此，在完善新股定价制度的时候，不妨推出新股询价与网上直接定价两种定价方式，由 IPO 公司自主决定采取哪一种新股定价方式，而不是将网上直接定价发行定成袖珍股（发行数量不超过 2000 万股）的专利。对于发行数量超过 2000 万股的 IPO 公司来说，同样可以自主选择网上直接定价发行的方式，这样就可以避免被询价机构抱团压价。

而就新股询价发行来说，新股询价制度也有必要予以完善。网下询价可引入竞价机制，报价高者可以优先认购。比如，按询价报价高低顺序，前 100 名询价机构或前 200 名询价机构可以按各自所报出的价格来认购网下配售的股份，将第 100 名或第 200 名的有效报价确定为新股的发行价格，作为网上认购的发行价格。这样就可以避免在网下询价的过程中，询价机构抱团压价，同时也可以充分发挥询价机构的价值发现功能，让参与网下询价的询价机构报出合适的价格，这对于询价机构的定价能力来说也是一个考验，可以避免询价机构滥竽充数或胡乱报价。毕竟询价机构报高了价格就要付出更高的成本，而报低了价格则可能会失去认购网下配售的机会。

除了上面提到的完善新股定价制度及新股询价制度，还有一方面的内容也是非常重要的，那就是完善 IPO 公司的股本结构。目前，注册制下的新股发行制度仍然延续了注册制试点之前的 IPO 公司股本结构形式，即 IPO 公司总股本达到 4 亿元的公司，首发流通股规模占比达到 10% 即可；总股本未达到 4 亿元的公司，首发流通股规模占比达到 25% 即可。

这种股权结构形式存在的弊端是非常明显的。一是首发流通股规模较小，助长了市场的投机炒作之风，从而放大了市场的投资风险。二是限售股占比太大，股市成了限售股股东的提款机。这实际上已经成为有关上市公司股价不稳定的一个重要因素。三是控股股东一股独大，上市公司的一切事都由控股股东说了算，这对于上市公司的治理不利，控股股东损害上市公司利益的事情接连发生。

因此，对注册制下的新股发行制度加以完善，IPO 公司股权结构不合理的问题需要加以解决。比如，将控股股东的持股控制在公司总股本的 1/3 左右；总股本不超过 10 亿元的公司，首发流通股的规模不低于公司总股本的 50%；总股本超过 10 亿元的公司，首发流通股的规模不低于公司总股本的 40% 或 30%。

13

加强券商研报监管需从三个方面着手

2021 年 9 月，证监会回应了网友的"关于加强证券公司研究报告管理的建议""能否降低交易过程中各项目的费用包括税和手续费"等留言。在回复网友"关于加强证券公司研究报告管理的建议"的留言时，证监会表示，后续将持续加强对证券公司发布证券研究报告业务的监管，规范从业人员执业行为，保护投资者合法权益，维护证券市场良好秩序。

网友之所以就券商研报问题向管理层提出建议，是因为券商研报问题一直都是市场上较为突出的一个问题。近年来，在管理层打击股市"黑嘴"的背景下，券商研报问题更加受到投资者的关注。因为在投资者看来，某些券商跟市场上的"黑嘴"没有什么区别。比如，二者都会在高位唱多个股，建议投资者买入，让投资者上当受骗成为"接盘侠"。正因为这样的券商研报多了，于是就有了"关于加强证券公司研究报告管理的建议"，投资者确实希望管理层能够加强对券商研报业务的监管。

投资者的建议得到了证监会的回应，这意味着券商研报涉及的问题也受到了管理层的重视，管理层对券商研报业务的监管将会进一步加强。那么，该如何加强对券商研报业务的监管呢？我认为可以从以下三个方面着手。

首先，要对券商研报业务予以规范，让券商清楚地知道哪些事情可以做，哪些事情不能触碰。在回应网友的"关于加强证券公司研究报告管理的建议"时，证监会提到《发布证券研究报告暂行规定》（以下简称《暂行规定》），这是目前对券商研报业务的行为规范。比如，《暂行规定》明确了证券研究报告形成、发布、使用等方面的监管规定，要求发布证券研究报告的证券公司应当"遵循独立、客观、公平、审慎原则,有效防范利益冲突",署名的证券分析师应当"保证信息来源合法合规,研究方法专业审慎,分析结论具有合理依据"。

作为规范券商研报业务的重要文件,《暂行规定》显然有进一步完善的必要,毕竟《暂行规定》是 2010 年 10 月发布的,是从 2011 年 1 月 1 日起施行的,距离现在已经过去十多年的时间了。在这十多年的时间里,股市发生了翻天覆地的变化,券商研报业务也面临着不少新的问题。因此,《暂行规定》有必要与时俱进,根据变化了的市场形势来做出进一步的修改与完善。

《暂行规定》的众多需要修改与完善的内容中,有以下几点是需要予以重视的。一是明确券商研报不能沦为"黑嘴"报告,不能引诱投资者到高位做"接盘侠",应引导投资者规避投资风险。二是明确券商研报不能哗众取宠,不能搞"标题党"那一套来吸引市场眼球,而是要用实实在在的内容来打动投资者。三是券商研报要有针对性、实效性,不能泛泛而谈成为"忽悠研报",比如对几十年之后的市场进行分析,分析几十年之后上市公司的营业收入、市值等,这明显是在忽悠投资者,因为几十年之后,可能有关分析师已经不存在了,绝大多数的投资者也不存在了,恐怕有的上市公司也不存在了。

其次,要加强对券商研报业务的监管,加大对券商研报违规行为的查处。在明确券商研报的行为规范之后,就要将行为规范落到实处。要落实行为规范,就需要对违规行为从严查处。比如,《暂行规定》规定,证券公司、证券投资咨询机构及其人员违反法律、行政法规和本规定的,中国证监会及其派出机构可以采取责令改正、监管谈话、出具警示函、责令增加内部合规检查次数并提交合规检查报告、责令暂停发布证券研究报告、责令处分有关人员等监管措施;情节严重的,中国证监会依照法律、行政法规和有关规定做出行政处罚;涉嫌犯罪的,依法移送司法机关。但从实际情况看,对券商研报违规行为的查处,显然是目前市场的一个软肋,需要加强。

最后,要求券商赔偿投资者损失。从现行的规定来看,发布研报的券商是不承担赔偿投资者损失之责的。之所以如此,究其原因在于研报出现差错是不可避免的。如果出现差错就要承担赔偿的责任,那券商研报业务基本上也就没有生存的空间了。不过，也正是券商不承担赔偿之责，导致了某些发布研报的券商缺乏责任感，甚至被他人利用，忽悠投资者高位接盘，从而给投资者带来不小的投资损失。对于这种情形，除依规予以查处，如果涉及内幕交易、操纵股价等违法违规情形，则需要追究其法律责任，同时要求其赔偿投资者损失。

14

持续增强投资者获得感，四大问题需引起重视

2021 年 9 月 23 日，证监会副主席阎庆民为第四批 18 家全国证券期货投资者教育基地授牌，并表示，目前我国资本市场个人投资者已突破 1.9 亿，持股市值在 50 万元以下的中小投资者占比达 97%。资本市场事关广大人民群众的"钱袋子"，要更好发挥资本市场财富管理功能，进一步加强投资者保护，持续增强投资者的获得感。

增强投资者的获得感事关投资者的切身利益，因此也是投资者非常关心的一个问题。管理层能够重视这个问题无疑是投资者之福，也是 A 股市场之福，甚至是整个资本市场之福。

但切实持续增强投资者的获得感，对于 A 股市场来说，并不是一件容易的事情，而且是 A 股市场的短板与软肋。毕竟，长期以来，A 股市场都是为融资服务的，融资功能是股市最主要的功能，股市是上市公司的"钱袋子"。因此，在这样的市场环境中，要持续增强投资者的获得感，显然是一件很难的事情。所以，要持续增强投资者的获得感，以下四个方面的问题是需要高度重视并切实加以解决的。

首先，A 股市场的定位要突出对投资者的回报。长期以来，A 股市场是为融资服务的，重视的是股市的融资功能。而在这样的市场环境里，增强投资者获得感是很困难的。因为在一个重视融资的市场里，投资者基本上以付出为主，投资者的获得感很少。所以，要持续增强投资者的获得感，首先就是要解决股市的定位问题，要让股市的投资功能与融资功能并重，股市在重视融资功能的同时，也要把投资功能提高到一个重要的位置上。解决了股市

的定位问题，让投资功能得到重视，增强投资者的获得感也就有了相应的市场基础。

其次，要保证上市公司的质量。因为只有优质的公司、成长性良好的公司，才能给投资者带来必要的投资回报，从而增强投资者的获得感。相反，垃圾公司只会伸手向投资者要钱，并不能给投资者提供必要的投资回报，这样的公司很难让投资者有获得感。因此，上市公司的高质量是增强投资者获得感的重要保证。如何提高上市公司质量是管理层需要直面的现实问题。要解决这个问题，一方面是要提高 IPO 公司的质量，另一方面是要提高已上市公司的质量，这其中就包括让垃圾公司退市，这些问题都需要落到实处。

再次，要配套相关的制度。持续增强投资者的获得感对于股市来说是一个系统性的工程，需要相关制度予以支持，比如，利润分配制度、红利税征收制度等。上市公司要养成回报投资者的良好习惯，而不是只知道向投资者伸手要钱，把投资者当成"冤大头"。在这里尤其需要强调的是红利税征收制度，红利税的征收应该叫停，股市有必要取消红利税。红利税只向中小投资者征收，这对中小投资者极不公平。同时，红利税也扭曲了价值投资观念，上市公司现金分红越多，投资者纳税就越多，投资者的损失也就越大。在红利税面前，上市公司分红不如不分红，多分红不如少分红，这也是对投资者获得感的一种扭曲。

最后，要严厉打击各种损害投资者利益的违法违规行为，确保投资者的利益不受损害或少受损害。市场上的各种违法违规行为，归根结底，最终都会损害投资者的利益，从而削弱投资者的获得感。因此，要增强投资者的获得感，就必须尽可能地减少市场上各种违法违规行为的发生。而要做到这一条，就必须对各种损害投资者利益的违法违规行为予以严厉的打击。这件事情实际上也是近年来管理层一直都非常重视的，关键是要将其落到实处。

此外，要让上市公司赔偿投资者的损失，切实保护投资者的合法权益。这个问题是管理层一直都在强调的，但落实的程度，至少从目前来说，显然还是不够的。当然，置身于股票市场，在投资过程中出现亏损是很正常的，这不属于赔偿的范畴。赔偿投资者的损失，指的是上市公司各种违法违规行为给投资者带来的损失。比如，上市公司弄虚作假给投资者带来的损失，大股东掏空上市公司给投资者带来的损失等，对于这种违法违规带给投资者的损失，上市公司必须予以赔偿。虽然法律上已经引入了代表人诉讼制度，但如何让代表人诉讼制度更好地保护投资者利益，是 A 股市场需要直面的一个问题。这个问题对于持续增强投资者的获得感至关重要。

15

全面推行注册制，T＋0 需要先行

2021 年 2 月 26 日晚，在证监会发布的重磅消息中，有两则消息格外引人关注。第一则是关于全面注册制的。当天，证监会新闻发言人高莉表示，注册制采取试点先行的原则，目前科创板、创业板已经分步实行了注册制，证监会将在试点基础上进一步评估，待评估后将在全市场稳妥推进注册制。

第二则消息则是关于 T＋0 交易的。2021 年 2 月 26 日晚，证监会公开发布《关于政协十三届全国委员会第三次会议第 0123 号提案的答复》，即对《关于进一步推进我国科创板高质量发展的提案》的答复。其中涉及 T＋0 交易机制问题。证监会在答复中表示，推出 T＋0 交易是一项系统性工程，属于资本市场基础制度的重大调整，涉及主体多，市场影响大，对中介机构的风险控制能力有较高要求，市场各方意见分歧较大，需要进一步开展政策研究和制度准备，逐步形成市场共识。证监会将坚持稳中求进的原则，深入研究论证推出 T＋0 交易的可行性、实施路径等问题。

这两则消息都选择在 2021 年 2 月 26 日发布或许是一种巧合，但从资本市场的发展来看，二者之间又是有着内在联系的，那就是若要全面推行注册制，T＋0 交易机制需要先行。

从当前的资本市场来看，在科创板、创业板已经分步实行了注册制的情况下，A 股市场全面推行注册制的事情，受到了各方面的广泛关注。为此，证监会发言人表示，证监会将在试点基础上进一步评估，待评估后将在全市场稳妥推进注册制。

那么，评估什么呢？评估应该是多方面的。其中，应该包括对 T + 0 交易机制的评估。因为进行注册制试点，T + 0 就应该一并纳入试点的范围中。因为实行注册制，在交易制度上有两点是明显进行了改进的：一是新股上市废除了首日 44% 的涨幅限制和 36% 的跌幅限制，同时，新股上市前 5 个交易日不设涨跌幅限制；二是老股以及新股上市 5 个交易日后，涨跌幅由原来的10% 放宽到 20%。

这种涨跌幅的改变其实是双刃剑。一方面，有利于活跃市场、活跃交易。特别是新股上市，在 44% 涨幅限制和 36% 跌幅限制的背景下，新股上市首日及前几个交易日的成交量通常会很少，而放开后，成交量明显增加，交易也极度活跃。另一方面，也在很大程度上放大了投资风险。比如，在新股大幅高开的情况下，投资者追高买进，当天的损失就有可能超过 30%。即便是老股，在 20% 涨跌幅限制的背景下，从涨停板到跌停板，其跌幅也达到 33.33%。

因此，尽管注册制对涨跌幅制度的调整活跃了市场与交易，而且投资者在操作正确的情况下也可以获得更大的收益，但如果操作错误，投资者的损失同样会放大。因此，如何回避与减少操作错误所带来的投资损失，将是每个投资者需要直面的问题。由于目前注册制还只是在科创板与创业板实行，所以害怕 20% 涨跌幅可能带来风险的投资者，可以龟缩在主板市场进行交易，而一旦主板也实行了注册制，那么这些投资者将不得不直面 20% 的涨跌幅放大投资风险的可能性。

为了防范 20% 的涨跌幅放大投资风险，包括防范新股上市前 5 个交易日没有涨跌幅限制可能带来的对投资风险的放大，就需要引入 T + 0 交易机制，让投资者在出现操作失误后能及时止损。这也是科创板实行注册制后，市场对在科创板实行 T + 0 交易强烈呼吁的原因所在。正因如此，有必要在全面实行注册制之前，让 T + 0 先行，先期在科创板与创业板试点，在经过一段时间的试点之后，再对其做出评估，然后再伴随着全面注册制的步伐，同步在主板市场实行 T + 0 交易机制。

当然，对于 T + 0 交易机制的实行，管理层担心会引发市场投机炒作的问题，不过，要解决这个问题还是有办法的。比如，实行"单次 T + 0 交易机制"就是一个很好的解决方案。实行"单次 T + 0 交易机制",即日内买入后可以卖出,或者日内卖出后再买入,两个方向每天都只能操作 1 次。这样既可以让投资者在获利时落袋为安,也可以让投资者在出现操作错误时及时纠错,并且还可以避免市场的投机炒作,这确实是符合 A 股市场特色的一种 T + 0 交易方式。

16

新《证券法》首张罚单，为董监高敲响警钟

千呼万唤始出来，从 2020 年 3 月 1 日起正式实施的新《证券法》终于在实施 1 周年之后迎来了首张罚单，那就是证监会广东监管局（以下简称广东证监局）对广东榕泰涉嫌信息披露违法违规一案的处罚。

根据 2021 年 3 月 13 日广东榕泰发布的《广东榕泰实业股份有限公司关于收到中国证券监督管理委员会广东监管局〈行政处罚及市场禁入事先告知书〉的公告》，广东证监局给予广东榕泰及 15 人合计 1500 万元的处罚，其中个人罚款合计 1200 万元。所涉个人覆盖董监高全体成员，无一遗漏。根据 2019 年年报数据，董事长兼总经理杨某某被罚 330 万元，高于对公司的 300 万元罚款，相当于被罚了 11 年的工资；财务总监郑某某被罚 160 万元，相当于被罚了 9.7 年的工资。引人关注的是，4 名年薪为 6 万元的独立董事均被处罚款 50 万元，相当于被罚了 8.3 年的工资。此外，监事朱某某被罚了 8 年工资；董事林某某被罚了 8.3 年的工资；董事兼副总经理杨某被罚了 5 年的工资；董事兼副总经理林某某和董事罗某某被罚了 3.3 年的工资。

广东证监局之所以对广东榕泰及董监高全体成员做出处罚，究其原因，在于广东榕泰及相关人员涉嫌未在规定期限内披露 2019 年年度报告，相关报告未按规定披露关联关系、日常经营性关联交易，2018 年年度报告、2019 年年度报告虚增利润等违法事实。其中，2018 年年度报告虚增利润 1224.69 万元，占 2018 年年度报告披露利润总额 17833.45 万元的 6.87%；2019 年度报告通过虚构销售回款虚增利润 3124.23 万元，通过虚构保理业务虚增利润 1177.99 万元，合计共虚增利润 4302.22 万元。为此，广东证监局依法对广东

榕泰及相关责任人做出了上述处罚。这也是新《证券法》实施后按照新法开出的第一张罚单。

从广东证监局开出的新《证券法》实施以来的首张罚单来看，处罚力度明显加大，改变了原《证券法》挠痒痒的局面。因为根据原《证券法》的规定，对信息披露违法违规及所披露的信息有虚假记载的最高处罚也只有 60 万元；而对直接负责的主管人员及其他直接责任人员的处罚是 3 万元以上 30 万元以下。而这一次广东证监局按新《证券法》做出的处罚，远远高于原来 60 万元的顶格处罚。如对广东榕泰的处罚 300 万元，是原来顶格处罚的 5 倍；对董事长杨某某的处罚是 330 万元，更是原《证券法》的处罚所达不到的高度；对 4 位独立董事都给予了 50 万元的处罚，这更是远远超出了人们的认知范围。

因此，广东证监局开出的新《证券法》实施以来的首张罚单，对于上市公司的董监高来说无疑是有震慑力的，给上市公司的董监高敲了一记警钟。虽然广东证监局开出的首张罚单算不上是"天价罚单"，但罚单一开就罚走了董监高多年的工资收入，这对于拥有公司大量股权的董事长来说，或许不是事儿，但对于没有公司股份的独立董事等人来说，就是大事了。广东榕泰的 4 名独立董事一次就被罚去了约 8 年的独立董事津贴，这些独立董事还愿不愿意继续干下去都是一个问题了，因为在上市公司违法违规的情况下，"独立董事津贴"反倒变成了"独立董事倒贴"，还有人愿意干下去吗？

广东证监局开出的新《证券法》的首张罚单其实并不是"顶格处罚"。如果是"顶格处罚"的话，将会让董监高更加"肉痛"。因为新《证券法》第一百九十七条规定，信息披露义务人未按照本法规定报送有关报告或者履行信息披露义务的，责令改正，给予警告，并处以 50 万元以上 500 万元以下的罚款；对直接负责的主管人员和其他直接责任人员给予警告，并处以 20 万元以上 200 万元以下的罚款。信息披露义务人报送的报告或者披露的信息有虚假记载、误导性陈述或者重大遗漏的，责令改正，给予警告，并处以 100 万元以上 1000 万元以下的罚款；对直接负责的主管人员和其他直接责任人员给予警告，并处以 50 万元以上 500 万元以下的罚款。面对 200 万元和 500 万元的个人"顶格处罚"，董监高恐怕会更加害怕了。而这正是监管所要达到的效果，是新《证券法》所要追求的效果。

正因如此，广东证监局开出的新《证券法》实施以来的首张罚单，无疑为上市公司的董监高敲响了一记警钟。它提醒董监高，新《证券法》不再只是纸上的法律，而是人们身边的法律，它终于要显示法律的权威性与严厉性了。因此，对于董监高来说，务必要知法守法，拒绝违法违规行为，不然，就将受到《证券法》的重罚，甚至还有投资者的索赔以及新《刑法》的处罚，因为，对于上市公司信息披露违法违规及财务造假行为，情节特别严重的，最高可处以 10 年有期徒刑。何去何从，就看董监高的选择了。

17

完善常态化退市机制可以这样做

退市制度建设成为近年来 A 股市场制度建设的一个重点。2021 年的《政府工作报告》在提及重点领域改革时，明确提出"完善常态化退市机制"与"稳步推进注册制改革"，二者一起成为 A 股市场的两件大事。

退市制度建设之所以重要，究其原因在于这是提高上市公司质量的一项重要举措。在 2020 年 10 月 9 日国务院发布的《国务院关于进一步提高上市公司质量的意见》中，就明确提出要"健全上市公司退出机制"。2021 年 3 月 12 日发布的《中华人民共和国国民经济和社会发展第十四个五年规划和二〇三五年远景目标纲要》（以下简称《"十四五"规划》）也明确提出"建立常态化退市机制"。毕竟 A 股上市公司数量已经超过 4200 家，A 股必须加速淘汰市场上的垃圾公司，在提高上市公司质量的同时，达到优化股市资源配置的目的。

不过，尽管都是对退市制度建设的重视，但 2021 年的《政府工作报告》的提法是"完善常态化退市机制"，与《"十四五"规划》中"建立常态化退市机制"的提法还是有所不同的。其中玄机何在呢？玄机就在于"建立常态化退市机制"这一提法公布后，退市新规于 2020 年 12 月 31 日由沪深交易所正式发布实施。这也意味着"建立常态化退市机制"在很大程度上得到了落实。而在此基础上，2021 年的《政府工作报告》提出的"完善常态化退市机制"，自然就是有的放矢了。

之所以说是有的放矢，是因为退市新规刚刚发布不久，还存在明显的不足，并不能真正做到"应退尽退"。其最明显的表现有以下两点。

一是对上市公司财务造假并没有体现出"零容忍"的要求，相反给上市公司财务造假设置了较高的门槛。比如，要连续 2 年财务造假，只造假 1 年还不行；并且 2 年财务造假的金额累计不能低于 5 亿元，低于 5 亿元的还没有退市资格；同时还规定，连续 2 年造假金额在年度营业收入会计金额中的占比不得低于 50%。按照这样的退市标准，哪怕上市公司某一年造假金额达到百亿元，甚至千亿元，但如果第二年不造假的话，仍然不用退市。或者说，哪怕上市公司连续多年财务造假，只要其中任意连续 2 年的财务造假金额不超过 5 亿元，且造假比例不高于 50%，那么这样的财务造假公司仍然是不用退市的。很显然，这样的退市规定为财务造假公司逃生开了方便之门。

二是业绩亏损公司多了一道救命符，其退市也更难了。退市新规将业绩亏损公司的退市条件从连续 4 年亏损缩短到了 2 年，看似加大了退市的力度，但也给这些亏损公司提供了一道救命符，即只要营业收入达到 1 亿元之上，就可以不用退市了。正是因为有了这道救命符，退市新规出台后，一些 ST 股出现了弹冠相庆的走势，股价大幅上涨，涨幅达到 100% 甚至 200%。这无疑是对退市新规的"打脸"。

正是因为退市新规存在上述不足之处，因此，就有了"完善常态化退市机制"的必要。要"完善常态化退市机制"，首先，要对退市新规加以完善，畅通财务造假公司以及业绩亏损公司的退市之路，真正做到"应退尽退"。

其次，要做好退市环节的投资者保护工作。对于因为重大违法违规行为退市的公司以及因为被大股东掏空了而退市的公司，应切实做好赔偿投资者损失的工作。上市公司退市不一定要赔偿投资者损失，但由于上市公司或大股东违法违规而退市的公司，则要赔偿投资者损失。这类公司的退市赔偿，应尽量采取"先行赔付"的方式，或由管理层统一与上市公司协商的赔偿方式，即便是通过诉讼来解决，也应采取特别代表人诉讼的方式，尽量避免由投资者个人向上市公司索赔。

最后，让投资者保护专项赔偿基金承担起保护投资者的职责。通过诉讼索赔，投资者很有可能赢了官司却得不到赔偿，因为一些退市公司很难承担起赔偿投资者的责任。有的退市公司正因为要退市了，所以破罐子破摔。投资者要得到赔偿是一件很困难的事情。在这种情况下，投资者保护专项赔偿基金要承担起赔偿投资者的责任，给予投资者部分赔偿，而不是让投资者因为上市公司退市而变得血本无归。因此，在这个问题上，有必要进一步完善投资者保护专项赔偿基金制度，扩大投资者保护专项赔偿基金的来源，以承担起部分赔偿投资者损失之责。

18

压实保荐机构责任还须出重拳

2021 年 4 月 6 日，清明节后的首个工作日，证监会集中公布了 29 条投行业务违规处罚信息，对发行人核查不充分、内部控制有效性不足等行为采取监管措施，涉及中信建投证券、中信证券、海通证券、中金公司、国金证券、东方证券、五矿证券等 10 余家券商。

对 10 余家券商投行业务违规做出处罚，是压实保荐机构责任的重要表现。毕竟保荐机构担负着为股票市场把守"入口关"的职责，IPO 公司质量的优劣，保荐机构负有直接的责任。保荐机构忠于职守，新上市公司的质量就会得到保证；相反，如果保荐机构玩忽职守，甚至成为拟上市公司弄虚作假的帮凶，那么新上市公司的质量显然就难有保证。正因如此，为提高新上市公司质量，守好股票市场的"入口关"，压实保荐机构的责任就很有必要了。

从实际情况来看，也确实需要压实保荐机构的责任。一个显而易见的事实是，截至 2021 年 4 月 7 日，2021 年已有 77 家注册制下排队的 IPO 企业因发行人撤回发行上市申请而终止审核，共涉及 31 家保荐机构。同时，根据沪深交易所披露的 IPO 发审信息统计，创业板终止审核的企业有 49 家，其中因撤回申请而终止的有 45 家；科创板终止审核的企业有 34 家，其中因撤回申请而终止的有 32 家。

综合 IPO 现场检查中出现的高比例撤回申报材料的现象来看，其中很重要的一部分原因是保荐机构执业质量不高。"从目前情况看，不少中介机构尚未真正具备与注册制相匹配的理念、组织和能力，还在'穿新鞋走老路'。"

证监会主席易会满此前强调，正在做进一步的分析，对发现的问题将采取针对性措施，对"带病闯关"的，将严肃处理，绝不允许一撤了之。

这一次证监会集中公布29条投行业务违规处罚信息，显然是落实易会满指示精神的表现，即对"带病闯关"的，将严肃处理，绝不允许一撤了之。当然，这也是压实保荐机构责任的一种举措，体现了管理层压实保荐机构责任的决心。

不过，任何一枚硬币都有两面。证监会一次就集中公布29条投行业务违规处罚信息，这也表明了投行业务违规的普遍性。而且，这29条业务违规的处罚信息涉及10余家券商，这同样也表明了保荐机构业务违规具有普遍性，保荐业务违规的公司不只是一两家，而是有10余家，甚至更多，这显然是需要高度重视的。

为什么投行业务违规具有普遍性呢？究其原因在于，此前市场对投行业务的违法违规行为并没有重拳出击。比如，对投行业务的违法违规行为，主要采取的是监管谈话、责令改正等措施，虽然有的保荐代表人也被认定为不适当人选，但期限往往只有几个月或半年的时间。这样的处罚措施，对于保荐机构来说实在是无关痛痒。这也是一些保荐机构一边被处罚，一边还敢继续违规的原因。

所以，要压实保荐机构责任，在日常监管谈话、责令改正的基础上，还有必要进一步使出重拳。在这一方面，新《证券法》实际上已经给出了明确的处罚措施。比如，新《证券法》第一百八十二条规定，保荐人出具有虚假记载、误导性陈述或者重大遗漏的保荐书，或者不履行其他法定职责的，责令改正，给予警告，没收业务收入，并处以业务收入一倍以上十倍以下的罚款；没有业务收入或者业务收入不足100万元的，处以100万元以上1000万元以下的罚款；情节严重的，并处暂停或者撤销保荐业务许可。对直接负责的主管人员和其他直接责任人员给予警告，并处以50万元以上500万元以下的罚款。

对照上述法律条文，如果严格执行新《证券法》的处罚，显然是可以对保荐机构形成震慑力的。因此，要压实保荐机构的责任，严厉打击保荐机构的违法违规行为，就要严格执行新《证券法》的处罚规定。

19

重拳打击财务造假应落实在行动上

证监会于 2021 年 4 月 16 日亮出了上市公司财务造假案件办理情况的成绩单。2020 年以来，证监会依法从严从快从重查办上市公司财务造假等违法行为，共办理该类案件 59 起，占办理信息披露类案件的 23%，向公安机关移送相关涉嫌犯罪案件 21 起。

证监会稽查局副局长陈捷表示，将重拳打击财务造假、欺诈发行等恶性违法行为，继续加强对上市公司的全链条监管，坚持科学监管、分类监管、专业监管、持续监管，督促上市公司和大股东严守"四条底线"（不披露虚假信息、不从事内幕交易、不操纵股票价格、不损害上市公司利益），压实上市公司主体责任，提高公司治理水平，有效化解风险，不断提高上市公司质量。

重拳打击财务造假、欺诈发行等恶性违法行为，这种说法对于资本市场来说已经是老生常谈了。但是不是真的落到实处了？

陈捷表示，下一步，证监会将加强执法司法协同，坚持"一案双查"，重拳打击财务造假、欺诈发行等恶性违法行为，坚决追究相关机构和人员的违法责任，不断健全行政执法、民事追偿和刑事惩戒的立体式追责体系，维护市场"三公"秩序。

陈捷副局长的说法如果能够得以执行的话，无疑是有利于加大对财务造假、欺诈发行的打击力度的。但关键是要将这种说法落在行动上，而不是只停留在口头上，或停留在现行的制度上。因为从现行的法制建设来说，除退市制度在打击财务造假方面还存在重大不足，甚至有包容财务造假行为的嫌疑之外，随着新《证券法》以及《刑法修正案（十一）》的出台，法律法规层面在打击财务造假、欺诈发行方面确实是加大了力度的。

在打击财务造假方面，退市新规力度不足。但好在新《证券法》以及《刑法修正案（十一）》对于财务造假与欺诈发行行为切实加大了打击力度。比如，涉及上市公司财务造假的，新《证券法》规定，信息披露义务人报送的报告或者披露的信息有虚假记载、误导性陈述或者重大遗漏的，责令改正，给予警告，并处以 100 万元以上 1000 万元以下的罚款；对直接负责的主管人员和其他直接责任人员给予警告，并处以 50 万元以上 500 万元以下的罚款。而根据原来的规定，对上市公司的最高处罚是 60 万元，对责任人的最高处罚是 30 万元。很显然，新《证券法》的处罚力度加大了不少。

又比如，《刑法修正案（十一）》规定，依法负有信息披露义务的公司、企业向股东和社会公众提供虚假的或者隐瞒重要事实的财务会计报告，或者对依法应当披露的其他重要信息不按照规定披露，严重损害股东或者其他人利益，或者有其他严重情节的，对其直接负责的主管人员和其他直接责任人员，处 5 年以下有期徒刑或者拘役，并处或者单处罚金；情节特别严重的，处 5 年以上 10 年以下有期徒刑，并处罚金。但按原来的规定，涉及违规披露判罚的上限就是 3 年有期徒刑。可见，《刑法修正案（十一）》在打击违规披露方面的力度也是明显加大了的。

所以，重拳打击财务造假、欺诈发行的关键是要落到实处，而不是停留在口头上或法律法规的条文上。如根据证监会的披露，2020 年以来，向公安机关移送相关涉嫌犯罪案件 21 起，但这些案件都怎么处理了？有没有被重判的？市场都不得而知。很多时候，移交公安机关之后就没有下文了。

所以，重拳打击财务造假、欺诈发行等恶性违法行为，重点是要做到以下三点。一是严格执行新《证券法》的规定，将罚款执行到位；二是严格执行《刑法修正案（十一）》的规定，该判刑的一定要判刑，该重判的一定要重判；三是切实赔偿投资者损失，尤其是要通过特别代表人诉讼的方式来保护广大中小投资者的合法权益。这实际上也是新《证券法》的重要内容。至于让财务造假公司、欺诈发行公司退市，还需要再次启动退市规则的修改来完成。

20

对"伪市值管理"零容忍还须明确
市值管理行为规范

2021 年 5 月 22 日，证监会主席易会满在参加中国证券业协会第七次会员大会时表示，"伪市值管理"本质是上市公司及实控人与相关机构和个人相互勾结，滥用持股、资金、信息等优势操纵股价，侵害投资者合法权益，扰乱市场秩序，境内外市场均将其作为重点打击对象。对此，证监会始终保持"零容忍"态势，对利益链条上的相关方，无论涉及谁，一经查实，将从严从快从重处理并及时向市场公开。

为此，易会满还郑重提醒上市公司及实控人、行业机构和从业人员，要敬畏法治，敬畏投资者，远离操纵市场、内幕交易等乱象，珍视自身声誉和职业操守，共同维护公开公平公正的市场秩序。

易会满之所以做出上述表态，显然与备受市场关注的叶飞"爆料门"事件有关。2021 年 5 月，微博大 V①、私募基金经理叶飞②不仅爆料中源家居以"市值管理"之名操纵股价，还点了其他几家公司的名字，并表明将曝光 18 家上市公司，且在数量上只多不少。"叶飞概念股"应运而生，而且在市场上受到抛压，甚至累及市场上的小市值股票，以致市场上闻"市值管理"而色变，"市值管理"因此成了价格操纵的代名词，成了一些机构投资者收割"韭菜"的工具。而这样的"市值管理"当然也就是易会满所说的"伪市值管理"。

---

① 大 V 是在微博平台上获得个人认证，拥有众多粉丝的微博用户。

② 2021 年 9 月 24 日，证监会发布通报称，近日，该会配合公安机关开展联合行动，一举将 3 起操纵市场案件的主要涉嫌犯罪人员抓捕归案，其中包含叶飞。

对于这种"伪市值管理"当然要"零容忍"，需要从严从快从重处理。因为这种"伪市值管理"是背离市值管理初衷的。2014 年国务院发布《国务院关于进一步促进资本市场健康发展的若干意见》，明确提出"鼓励上市公司建立市值管理制度"，其目的就是提高上市公司质量，保护投资者的合法权益。2014 年上半年，上市公司股价低迷，上市公司股价破发、破净现象频频出现。如果上市公司对于这些情况置之不理，投资者的利益无疑会因此而受到损害。正是在这种背景下，当年 5 月 9 日，国务院发布了《国务院关于进一步促进资本市场健康发展的若干意见》，鼓励上市公司建立市值管理制度。因此，国务院提出市值管理的初衷显然是值得肯定的。

但市值管理这本好经显然被 A 股市场的"歪嘴和尚"念歪了。一方面，从上市公司层面来说，上市公司需要再融资，而再融资的价格当然是越高越好。并且对于上市公司的大股东以及董监高来说，也存在套现的需求，套现的价格同样是越高越好。另一方面，对于一些机构来说，也希望通过操纵股价来达到获利的目的。于是，市值管理就给他们提供了一个借口或契机，让上市公司、上市公司实控人以及某些投资机构勾结在了一起。实际上，自从国务院提出"鼓励上市公司建立市值管理制度"以来，这种以市值管理之名来操纵市场的行为就不曾间断。证监会也经常对这种以市值管理之名来操纵市场的行为做出处罚。

市值管理这本好经之所以会被"歪嘴和尚"念歪，其中一个很重要的原因就在于市值管理并没有明确的行为规范。国务院虽然提出了"鼓励上市公司建立市值管理制度"，但国务院并未就上市公司市值管理做出明确的要求，更没有明确的行为规范，上市公司市值管理基本上是摸着石头过河，乱象丛生。

当然，市值管理的真经之所以被"歪嘴和尚"念歪，也与操纵股价行为具有一定的隐蔽性有关。上市公司的市值管理并不具有透明性，操纵股价的行为通常是在暗处悄悄地进行的。这就导致一些操纵股价行为逃过了监管的目光。由于操纵股价行为通常都能取得较大的收益，并且有可能逃过监管，所以一些上市公司及机构在利益的驱使下不惜以身试法。

正因如此，对这种"伪市值管理"行为保持"零容忍"的态度是很有必要的。特别是新《证券法》加大了打击违法犯罪行为的力度，对于操纵市场的行为，除没收违法所得外，还可以处以违法所得一倍以上十倍以下的罚款。如果实行顶格处罚，这是有极大的震慑力的。

当然，在对"伪市值管理"零容忍的同时，也要对市值管理的行为规范加以明确，让上市公司对于市值管理有明确的行为准则。比如，上市公司的市值管理从市场操作层面而言，仅限于上市公司的股份回购与大股东的增持。第三方机构原则上不应介入上市公司的市值管理，第三方机构介入上市公司市值管理的，上市公司应进行明确的信息披露。只有明确了市值管理该怎么做，才能避免上市公司的市值管理沦为"伪市值管理"，沦落成损害投资者利益的工具。

21

精选层两次再融资之间应设立 6 个月间隔期

新三板精选层自 2020 年 7 月 27 日正式对外挂牌以来，首批挂牌精选层的 32 家公司面临着再融资的需求。毕竟，精选层挂牌公司公开发行的股票数量，并没有占发行后总股本的比例不低于 25% 或 10% 的限制，仅要求公开发行的股份不少于 100 万股。这也导致精选层挂牌公司新股发行量普遍较小，融资金额较低，挂牌公司对后续再融资需求较为强烈。因此，解决精选层挂牌公司再融资问题就提上了管理层的议事日程。

为给精选层挂牌公司再融资"解渴"，证监会发布了《非上市公众公司监管指引第 × 号——精选层挂牌公司股票发行特别规定（试行）（征求意见稿）》（以下简称《发行特别规定》），并向社会公开征求意见，精选层再融资制度建设因此拉开了大幕。

从《发行特别规定》来看，精选层挂牌公司的再融资制度明显借鉴了 A 股上市公司的再融资制度。比如，《发行特别规定》要求发行人拟发行股份数量不得超过本次发行前股本总额的 30%，本次发行涉及收购、发行股份购买资产或发行人向原股东配售股份的除外；发行人向原股东配售股份的，拟配售股份数量不得超过本次配售前股本总额的 50%。

又比如，在发行价格方面，《发行特别规定》要求发行人向不特定合格投资者公开发行股票的，发行价格应当不低于公告招股文件前 20 个交易日或者前 1 个交易日公司股票均价。发行人向特定对象发行股票的，发行价格应当不低于定价基准日前 20 个交易日公司股票均价的 80%，但发行对象属于五类特定情形的，定价基准日可以为关于本次发行股票的董事会决议公告日、股东大会决议公告日或者发行期首日。

但精选层再融资制度也有不同于 A 股上市公司再融资制度的地方。比如，不强制要求券商参与保荐承销，只需推荐并发表核查意见。其目的就是降低精选层挂牌公司再融资的成本。又比如，根据精选层挂牌公司融资规模小的特点，《发行特别规定》允许精选层挂牌公司在募集资金总额不超过 1 亿元，且不超过最近 1 年末经审计净资产 20% 的额度范围内实施"年度股东大会一次审议，董事会分期发行"的授权发行机制，以此来提高小额发行效率。

而在战略投资者（以下简称战投）解禁方面，精选层再融资制度也与 A 股市场再融资制度有所不同。A 股市场上市公司再融资，战投锁定期是 18 个月，在实际操作中多是锁定 36 个月。而根据《发行特别规定》，精选层战略投资者认购的股票应当分 3 批解除转让限制，每批解除转让限制的数量均为其所持本次发行股票的 1/3，解除转让限制的时间分别为自发行结束之日起 12 个月、18 个月和 24 个月。《发行特别规定》做出这样的安排，主要是为了让精选层挂牌公司在引入战投时更具吸引力。

总之，《发行特别规定》给精选层挂牌公司的再融资提供了极大的方便，体现了资本市场对实体经济发展的支持。不过，就《发行特别规定》来说，也确实有需要改进的地方。比如，《发行特别规定》并没有提出公司两次再融资发行保持 6 个月间隔期的要求。这就意味着公司两次再融资之间没有间隔期的规定，也就是符合条件的挂牌公司可以随时进行第二次到第 N 次再融资。这是不合适的，还是应该设置 6 个月的间隔期。

一方面，设置 6 个月的间隔期并不会妨碍精选层挂牌公司正常的再融资行为，也就是不妨碍资本市场对实体经济的支持。相反，设置 6 个月的再融资间隔期，可以让挂牌公司的再融资行为变得相对慎重一些，避免因可以随时进行再融资而让挂牌公司的管理层头脑发热，进而盲目融资、盲目投资。

另一方面，设置 6 个月的间隔期也便于对前次融资的使用情况进行考核，避免募集资金的浪费，提高募集资金的使用效率。比如，前次募集的资金根本还没有投入，或者无故变更了用途，那么，在这种情况下，显然不能进行再一次的融资。否则，挂牌公司的再融资行为就成了一种"圈钱"行为，这是对投资者不负责的表现。只有设置一定的间隔期才能发现前次融资所遗留下来的问题。因此，设置 6 个月的再融资间隔期是有必要的。

　　当然，《发行特别规定》的完善不只是为两次再融资设置一个间隔期，更重要的是要明确再融资的责任，要让公司的董监高对融资行为负责。从 A 股上市公司的再融资来看，责任的缺失是再融资制度的重大弊端。因为没有人对再融资负责，所以募集资金可以用来高价收购控股股东及关联方的垃圾资产，最终高价收购进来的资产成了企业的负担。这种情况不应该在精选层挂牌公司中重演，因此，《发行特别规定》有必要对挂牌公司再融资的责任予以明确。只有明确了责任，才会有人对企业的再融资负责，这也是对投资者负责的做法。

22

董责险不是上市公司造假的护身符

在国内市场一直未能打开局面的董事责任保险（以下简称董责险），因为瑞幸咖啡财务造假事件成了市场关注的热点，人们纷纷议论要不要给投了董责险的瑞幸咖啡高管赔偿？

2020 年 4 月 2 日，瑞幸咖啡财务造假一事获得证实。当天，瑞幸咖啡发布公告称，公司董事会成立的特别调查委员会发现，公司于 2019 年第二季度至第四季度期间虚增了 22 亿元交易额，相关的费用和支出也相应虚增。

上市公司财务造假，在美国股市就是"死罪"。就连安然公司这种曾经是世界上较大的能源、商品和服务公司也因为财务造假而破产，因此，瑞幸咖啡财务造假，等待该公司的必将是严厉的制裁，而其首先要面对的就是投资者的集体诉讼。因为早在 2020 年 1 月 31 日，做空机构浑水公司（Muddy Waters Research）就已经发布了瑞幸咖啡财务造假的报告，当时投资者就依此提出了集体诉讼，并已于 2 月 13 日在纽约南区地方法院立案。如今，瑞幸咖啡财务造假属实，不论是诉讼还是和解，瑞幸咖啡对投资者的赔偿将不可避免。

正是在这种背景下，瑞幸咖啡向相关保险公司提出了董责险理赔申请。资料显示，瑞幸咖啡在赴美上市前投保了董责险，国内有多家保险公司以"共保体"的形式参与此次承保。据报道，瑞幸咖啡董责险保单组成的"共保体"共有四层，总保额达 2500 万美元。"底层共保体"由 8 家中资公司组成，保额为 1000 万美元。其中，中国平安产险是"底层共保体"的首席承保方，承保底层份额达到 30%。于是，要不要赔偿瑞幸咖啡高管的董责险，也就成了市场关心的一个问题。如果赔偿瑞幸咖啡，那么，董责险岂不成了上市公司造假的护身符？

答案显然是否定的，董责险并非上市公司造假的护身符。就董责险来说，确实在一定程度上可以替上市公司的董事与高管减免责任。比如，当董事或高管被指控工作疏忽或行为不当而被追究个人赔偿责任时，由保险公司负责赔偿该董事或高管进行责任抗辩所支出的有关法律费用，并代为偿付其应当承担的民事赔偿责任。但董责险也明确规定，董责险的赔偿范围不包括恶意违背忠诚义务、信息披露中故意的虚假或误导性陈述、违反法律的行为。上市公司财务造假属于违法行为，明显不属于董责险的赔偿范围。《中华人民共和国保险法》第二十七条第二款规定：投保人、被保险人故意制造保险事故的，保险人有权解除合同，不承担赔偿或者给付保险金的责任。

就瑞幸咖啡的情况来说，虚增 22 亿元交易额，相关的费用和支出也相应虚增的财务造假是客观事实。瑞幸咖啡是 2019 年 5 月 17 日登陆纳斯达克的，而该公司的财务造假是从 2019 年第二季度开始的，这就意味着该公司上市以来，一直处于造假的过程中，其违法的性质是极其恶劣的，因此，保险公司就更不应该对瑞幸咖啡的财务造假行为承担董责险的赔偿责任。

当然，就具体的细节来说，瑞幸咖啡的财务造假还存在个人行为与公司行为的认定问题。如果是个人行为，当事人的董责险不需要赔偿，但其他董事与高管的董责险还是要赔偿的。而如果是公司行为，则全部不予赔付。通常来说，董事长、CEO（首席执行官）、CFO（首席财务官）、董事会秘书这四个关键职位的任职者的个人不当行为有可能被认定为公司行为。但瑞幸咖啡将造假的责任归结到公司首席运营官（COO）及几位向其汇报的员工身上，似乎是要将瑞幸咖啡的财务造假归结为个人行为，而非公司行为。

这显然有掩耳盗铃之嫌。既然是财务造假，就面临着做假账的问题，这不是 COO 所能解决的问题，公司的财务总监、首席财务官又如何能置身事外呢？而且，瑞幸咖啡的财务造假是一个长期的过程，要说公司董事长、CEO、CFO、董事会秘书等人不知情，会有人相信吗？实际上，在美国，对于这种上市公司财务造假行为，是不会有保险公司理赔董责险的。公司财务造假行为是不受任何法律保护的。因此，董责险也不会成为上市公司造假的护身符，遵纪守法才是企业最好的“保险”。

23

瑞幸咖啡造假给 A 股市场提供了难得的学习机会

瑞幸咖啡造假一事东窗事发以来，万众瞩目。2020 年 4 月 2 日，该公司发布公告称，公司董事会成立的特别调查委员会发现，公司于 2019 年第二季度至第四季度期间虚增了 22 亿元交易额，相关的费用和支出也相应虚增。

受此公告的影响，当天在美上市的瑞幸咖啡股票价格大跌 75.57%，次日该股继续下跌 15.94%。

上市公司财务造假是股市的大忌。尤其是在美国股市，这基本上就是"死罪"。回想 2001 年，安然公司财务造假曝光，直接导致该公司股票退市，公司破产；后来，安然公司前 CEO 杰弗里·斯基林被判刑 24 年并罚款 4500 万美元；财务欺诈策划者费斯托被判 6 年徒刑并罚款 2380 万美元；公司创始人肯尼思·莱虽因诉讼期间去世被撤销刑事指控，但仍被追讨 1200 万美元的罚款。安然公司的投资者通过集体诉讼获得了高达 71.4 亿美元的和解赔偿金。安然公司当时是世界上最大的能源、商品和服务公司之一，面对财务造假，尚且难逃一死，瑞幸咖啡自然也是凶多吉少了。

虽然瑞幸咖啡的注册地在开曼群岛，但其毕竟是一家总部在福建厦门的中国公司，因此，对于瑞幸咖啡的财务造假行为，很多国人深感惋惜。不过，既然事情已经发生，那就只能正视这件事情。虽然瑞幸咖啡在美国市场上市，但对于 A 股市场来说，也是一次难得的学习机会，学习美国市场是如何处置财务造假公司的。

就 A 股市场来说，对待财务造假公司一直都"心太软"，虽然偶尔也出过重拳，如将欺诈发行的欣泰电气强制退市，但这重拳更像是打在了投资者的身上一样，最终是投资者为欣泰电气的欺诈发行买单，付出了惨重的代价。而随着新《证券法》的实施，监管层还将加大对违法违规行为的查处力度。这一次瑞幸咖啡财务造假就给 A 股市场提供了一次难得的学习机会，看美国股市是如何处置瑞幸咖啡财务造假事件的，尤其是如何保护投资者利益。

根据美国市场的规则，瑞幸咖啡财务造假属实，首先要面对的就是投资者集体诉讼。实际上，这件事情已经在进行之中了，并已于 2020 年 2 月 13 日在纽约南区地方法院立案，这起诉讼，瑞幸咖啡难逃严惩。

而除投资者集体诉讼之外，美国证券交易监督委员会（以下简称美国证监会）的查处也会到来，不仅公司有关高管将会面临市场禁入的处罚，而且公司也会面临巨额罚单和停止股票交易的惩罚。比如在安然事件中，安然公司被美国证监会罚款 5 亿美元，股票被从道琼斯指数除名并停止交易。

而且，面对上市公司财务造假，美国司法部也会立案侦查。根据美国法律，提供不实财务报告和故意进行证券欺诈的犯罪要判处 10 年至 25 年的监禁，个人和公司的罚金最高分别为 500 万美元和 2500 万美元。

对于美国市场的这些处罚措施，或许人们并不陌生，但关键是如何执行到位。比如，在欣泰电气案中，该公司及大股东表示没有能力回购股份，于是欣泰电气方面就不回购股份了，对投资者的保护也就成为一纸空谈。如今，面对瑞幸咖啡的财务造假，美国市场如何将相关措施落实到位，是最令人关注，同时也是最值得 A 股市场学习的。

24

场外配资监管需要常态化

2020 年 5 月，天津、黑龙江等多地证监局接连公示场外配资"黑名单"，名单包括上百家场外配资平台。证监局在公示这些黑平台的同时，也向投资者进行了场外配资风险的警示。

场外配资是一种违法行为。《证券法》第一百二十条规定："除证券公司外，任何单位和个人不得从事证券承销、证券保荐、证券经纪和证券融资融券业务。"此外，2019 年 11 月 14 日，最高人民法院正式发布的《全国法院民商事审判工作会议纪要》也明确规定："融资融券作为证券市场的主要信用交易方式和证券经营机构的核心业务之一，依法属于国家特许经营的金融业务，未经依法批准，任何单位和个人不得非法从事配资业务。"因此，非证券公司的各类机构、平台开展场外配资业务是违法违规的。

不仅如此，场外配资还极大地加剧了资本市场的投资风险和股市动荡。比如，这次公示的场外配资平台，其配资杠杆普遍很高。在这种高杠杆面前，股市稍有回调，投资者就面临着平仓的风险，由此带给投资者的就是本金赔光。如果这种场外配资金额较大，或购买某只股票较多，就很容易带来大盘或个股的震荡。在这方面，2015 年的股灾就是一个教训。

正因如此，监管部门加强对场外配资的监管是很有必要的。多地证监局接连公示场外配资"黑名单"，并向投资者进行场外配资风险警示，就是监管部门加强对场外配资监管的重要表现形式。

多地证监局集中公示场外配资"黑名单"的做法，声势浩大，对场外配资平台可以形成震慑作用。不过，就对场外配资平台的监管来说，集中打击固然有其震慑力，但更主要的还是要将这种监管常态化，使其变成日常性的工作，发现一起查处一起，这样才更有震慑力。如果只是集中打击的话，难免会让场外配资平台抱有侥幸的心理，认为只要躲过了集中打击就安全了，场外配资平台又会因此而抬头。

当然，要搞好场外配资平台的常态化监管，做好投资者的举报工作就显得尤为重要。毕竟这种场外配资平台，很多都是地下平台，完全依靠监管部门来发现并不容易，而且等监管部门发现时，配资平台往往已经给投资者带来了损失。所以在加强对场外配资平台的常态化监管方面，要充分发挥群众的力量，鼓励投资者进行举报。在投资者举报这个问题上，可以加大对举报者的奖励额度。

当然，从管理层的角度来说，做好对场外配资平台的常态化监管工作，只是一个方面。另一方面，就是要求投资者自觉地远离场外配资平台。没有需求就没有杀戮，如果投资者能自觉远离场外配资平台，那么，场外配资平台就失去了赖以生存的土壤，自然也就难以为继，只能关门大吉了。

在这个问题上，投资者一定要认识到场外配资平台的非法性，投资者与场外配资平台签订的协议都是非法的，是不受法律保护的。通过加强投资者对其非法性质的认识，从而督促投资者远离场外配资活动。

当然，更重要的是，投资者要认识到场外配资的风险。这种风险不只是高杠杆带来的投资风险。比如10倍的杠杆，股价一个跌停，投资者就血本无归了，甚至不需要跌停，投资者就被强制平仓了。这种高杠杆带来的高风险实际上是绝大多数投资者都难以接受的。因为投资者在进行配资的时候，想得更多的是如何赚钱，而对于亏钱则没有进行过多的考虑。然而，在股市里，投资者亏钱的可能性比赚钱的可能性要大得多。

除了高杠杆带来的投资风险，场外配资还有一个不容忽视的风险就是平台跑路的风险。比如，2019年4月，市场接连曝出贝格富、长红配资等平台的跑路问题，当时证监会还就贝格富的跑路问题做出回应。这些平台跑路，将投资者的资金悉数卷走，投资者叫天天不应，叫地地不灵，最终只能血本无归。因此，对于投资者来说，有必要自觉远离这些非法的场外配资平台。

25

创业板注册制意味着什么？

2020 年 6 月 12 日，证监会发布了《创业板首次公开发行股票注册管理办法（试行）》《创业板上市公司证券发行注册管理办法（试行）》《创业板上市公司持续监管办法（试行）》《证券发行上市保荐业务管理办法》一系列有关创业板改革并试点注册制的制度规则，并自公布之日起施行。与此同时，深交所、中国结算、中国证券业协会等也发布了相关配套规则，创业板注册制真的来了。

根据安排，创业板注册制的正式落地还要等到 2020 年第三季度，但创业板注册制的发审工作已经先行，从 6 月 15 日起就"开门迎客"，开始受理创业板在审企业的首次公开发行股票、再融资、并购重组申请，创业板已经踏进了注册制时代。

创业板试点注册制是 A 股市场深化改革的一件大事。实际上，自从 2019 年 7 月科创板正式推出并试点注册制以来，创业板的注册制改革就成了 A 股市场的一大期盼。因此，创业板注册制的落地，堪称众望所归。

那么，创业板注册制对于市场、对于投资者来说意味着什么呢？它至少包括了三个方面的内容。

首先，创业板注册制意味着市场有了一个适当的炒作题材。A 股市场总体来说仍然是一个投机炒作的市场，对于市场来说，炒作题材非常重要。而创业板注册制就是一个适当的炒作题材。创业板注册制能给市场带来什么，对于市场的投机炒作力量来说其实并不重要，重要的是，创业板注册制是监管部门积极推动的，所以炒作创业板注册制题材是对创业板注册制的"热烈欢迎",这种炒作不会受到监管部门的打压。也正因如此,从 2019 年下半年以来,市场对创业板注册制进行了一波又一波的炒作。所以,对于市场来说,创业板注册制首先就是一个很好的炒作题材。至于炒作过后会不会留下一地鸡毛,那并不是炒作者关心的事情。

其次,创业板注册制意味着新股发行的提速。而这种提速是由两方面决定的。一是上市条件的放宽与降低,比如,特殊股权结构的公司也可以上市,甚至亏损企业也可以上市。二是审核的放松,在交易所过会,到证监会注册备案,这样 IPO 企业可以较为容易地通过上会这一关。如此一来,更多的企业就可以上市了。如科创板每周完成注册备案的 IPO 公司数量,就基本上可以与主板市场核发的 IPO 公司数量平分秋色了。有关部门以及一些业内人士积极推动或主张注册制,实际上正是看中了注册制对于融资功能的加强,可以让更多的企业发股上市。

最后,创业板注册制意味着投资风险的增加。比如,新股发行的加快,IPO 公司数量的增多,这本身就意味着有更多的平庸公司上市。同时,IPO 审核的放松会使一些有问题的公司混进市场,这都是市场的投资风险。而且一些游戏规则的改变,同样加大了市场的投资风险。比如,涨跌幅放宽到20%,这本身是一个中性政策,但对于更多的中小投资者来说,市场震荡的加剧,更容易增加其损失,而不是增加投资收益。注册制下,上市公司退市更容易了,而目前上市公司退市的损失几乎都由投资者来承担,因此,退市公司越多,投资者承担的投资损失也就越多。

26

敏感信息披露和垃圾信息披露应有所区别

2020 年 7 月，证监会发布《上市公司信息披露管理办法（修订稿）》（征求意见稿）（以下简称《征求意见稿》），向社会公开征求意见，以完善与加强上市公司信息披露管理，落实 2020 年 3 月 1 日正式实施的新《证券法》精神。

以信息披露为中心，提高上市公司信息披露的透明度，既是近年来监管部门加强日常监管的一项重要内容，也是新《证券法》的重要精神。如何将这一精神落到实处，就是《征求意见稿》的重要内容。因此，完善《征求意见稿》对于加强股市的日常监管工作来说至关重要。

此次发布的《征求意见稿》也确实对《上市公司信息披露管理办法》进行了一些重大修改，比如，新增了简明清晰、通俗易懂的原则要求，完善公平披露原则，同时明确自愿披露原则的相关要求，进一步鼓励自愿披露。并且此次修订还按照新《证券法》的要求对临时报告事项进行了完善。

尤其重要的是，《征求意见稿》进一步强调了董监高等相关主体的责任。此次修订强化董事会在定期报告披露中的责任，明确要求定期报告内容应当经董事会审议通过；要求董事、监事和高级管理人员无法保证定期报告内容的真实性、准确性、完整性或者有异议的，应当在书面确认意见中发表意见并陈述理由，上市公司应当披露；同时进一步明确控股股东、实际控制人的配合义务。这种主体责任的明确，为下一步的追责奠定了基础。

因此，就《征求意见稿》的内容来看，总体上还是比较完善的。不过，由于上市公司临时报告涉及的内容很广，结合临时报告在过去的信息披露中所暴露出来的问题，《征求意见稿》的内容至少在以下两个方面是需要完善的。

一是对影响股价的敏感信息应该及时地予以披露。这类信息通常属于上市公司"蹭热点"的范畴。如前一段时间上市公司介入网红带货，只要沾上网红概念，公司股价就噌噌地上涨。而实际上网红带货给上市公司带来的利润并不高，甚至可能是亏损的。如长寿药概念股金达威，1013瓶NMN（β-烟酰胺单核苷酸）产品，按每瓶挂价1699元全部卖出，销售额也只有172万元。即便金达威和网红将利润对半开，金达威的利润也不到100万元。但就是这个长生不老的概念，让金达威股票的市值增长了200亿元左右。因此，对于这种"蹭热点"或与市场热点密切相关的信息，上市公司应及时、详尽地披露，将事情的真相及时告诉投资者。

二是对上市公司的垃圾信息应限制披露。虽然上市公司信息披露越透明越好，但无关紧要的垃圾信息还是应该限制披露。这种垃圾信息的披露，不仅浪费上市公司的相关资源，而且在信息大爆炸的资本市场，也会给投资者带来视觉污染，浪费投资者的时间与精力。比如，有的上市公司披露董监高的增（减）持时，增（减）持100股、200股也进行一次信息披露，这无异于把信息披露当成了儿戏。对这种无足轻重的信息披露要加以限制，如至少增（减）持达到一定的数量（如5000股）才进行披露，或有多位董监高增（减）持才进行披露。

除此之外，就是要做好追责工作，把追责工作落到实处，尤其是要把赔偿投资者的事情落到实处。《征求意见稿》明确了信息披露的主体责任，这是非常重要的事情。如此一来，一旦出现信息披露方面的违法违规行为，就可以根据新《证券法》的有关规定做出相应的处罚，这些内容也都落实在了《征求意见稿》之中。但在追责的过程中，还有一点是至关重要的，那就是赔偿投资者。新《证券法》第八十五条对此已做出明确规定，致使投资者在证券交易中遭受损失的，信息披露义务人应当承担赔偿责任；发行人的控股股东、实际控制人、董事、监事、高级管理人员和其他直接责任人员以及保荐人、承销的证券公司及其直接责任人员，应当与发行人承担连带赔偿责任，但是能够证明自己没有过错的除外。因此，如何更加有效地赔偿投资者应该是《征求意见稿》需要重点落实的工作，能让投资者不通过诉讼就可以解决问题的，就尽量不要通过诉讼来解决问题。

27

T + 0 在蓝筹股试点更好吗?

随着创业板注册制的正式实施,有关 T + 0 的话题再一次被市场推向了前台。为此,证监会原主席肖钢也就 T + 0 的话题发表了自己的看法,认为蓝筹股盘子大,估值稳定,波动较小,抗操纵性强,率先试点 T + 0 风险可控。

肖钢的看法,对于市场来说其实并不陌生。2014 年,在肖钢任证监会主席的时候,市场上就流行这样的说法。面对市场对 T + 0 的呼吁,当时官方的说法就是在蓝筹股试点 T + 0,原因是蓝筹股盘子大,估值稳定,波动较小,抗操纵性强。

从 2014 年的市场情况来说,在蓝筹股试点 T + 0 确实是一个不错的选择。一方面,给了市场一个交代,毕竟一直以来,不少投资者都在呼吁 T + 0,关注着 T + 0 的进程。另一方面,当时监管部门也一直在倡导价值投资,引导投资者投资蓝筹股,当时的蓝筹股也确实面临价值被低估的问题,如贵州茅台,2014 年 3 月的股价也就在 150 元附近;工商银行的股价基本在 3.5 元以下。蓝筹股当时是不被市场重视的。所以,当时监管部门达成在蓝筹股中试点 T + 0 的共识是符合当时的市场情况的。

但 6 年过去了,现在的市场情况已经发生了明显的改变。随着更多外资的流入,以及国内机构投资者的发展壮大,蓝筹股普遍成了机构投资者抱团取暖的对象,以至于很多蓝筹股的价格早就"换了人间"。如贵州茅台的股价已由当时的 150 元附近上涨到了 1700 元附近,工商银行的股价也由原来的 3.5 元以下上涨到了 5 元左右,涨幅也在 40% 以上。因此,目前大多数蓝筹股的价格并不低。

　　而且，市场一度认为蓝筹股具有盘子大、抗操纵性强的特点，但随着机构投资者的发展壮大，这些特点在很大程度上也被削弱了。贵州茅台等蓝筹股价格大幅上涨，在很大程度上就是机构投资者抱团取暖的结果。虽然不能把机构投资者的抱团取暖与市场操纵等同起来，但这种抱团取暖也表明，机构投资者联手是可以改变蓝筹股价格的。也正因如此，蓝筹股已不是 6 年前的蓝筹股了，现在的市场也不是 6 年前的市场了。在蓝筹股试点 T＋0 已不像 6 年前那么具有优势了。现在在蓝筹股试点 T＋0 反倒有可能把中小投资者引导到高价蓝筹股上去为机构投资者接盘。

　　当然，市场更大的变化在于 A 股市场已经引入了注册制试点。2019 年 7 月 22 日，科创板正式推出并同时试点注册制；2020 年 8 月 24 日，创业板也已试点注册制。而注册制改革的一个重要内容就是放宽了股票的涨跌幅。一方面是新股上市废除了首日 44% 的涨幅限制和 36% 的跌幅限制，新股上市前 5 个交易日不设涨跌幅；另一方面是老股以及新股上市 5 个交易日后，涨跌幅由原来的 10% 放宽到 20%。

　　涨跌幅的放宽意味着股价震荡空间的加大。以老股为例，一个"地天板"① 的涨幅可以达到 50%；一个"天地板"② 的跌幅则达到 33.33%。对于投资者来说，抓到一个"地天板"固然是开心的事情，而遇上一个"天地板"，则是一笔不小的投资损失，如果投资者是融资炒股，就要面临平仓的风险了。

　　正是由于涨跌幅放宽可能给投资者带来更大的收益与风险，所以就需要投资者及时采取对策来保住收益、减少损失。如此一来，就需要投资者进行 T＋0 操作。在抓到"地天板"时及时落袋为安；而在操作出现错误时，通过 T＋0 操作及时纠正错误，避免损失。也正因如此，在试点注册制的科创板、创业板试点 T＋0 显得更有必要。

　　当然，在科创板、创业板率先推出 T＋0，很容易让一些人担心市场的投机炒作问题，要解决这个问题还是有办法的。比如，2020 年 5 月上交所提出

① "地天板"一般是指开盘跌停、收盘涨停的股票。
② "天地板"一般是指开盘涨停、收盘跌停的股票。

的"单次 T+0 交易"就是一个很好的解决方案。实行"单次 T+0 交易",既可以让投资者在获利时落袋为安,也可以让投资者在出现操作错误时及时纠错,并且还可以避免市场的投机炒作。这确实是一种符合 A 股市场特色的 T+0 交易方式。

28

打击上市公司维稳回购需要注意四大问题

2022 年 3 月中旬，为贯彻国务院金融委专题会议精神，全力维护资本市场平稳运行，中国证监会表示，要充分发挥市场内生稳定机制作用，大力推动上市公司提高质量，鼓励上市公司加大增持回购力度，引导基金公司自购份额。

增持、回购与自购，这是目前市场维稳的几项重要举措。其中，增持的主体是大股东，回购的主体是上市公司，自购的主体是基金公司。在这三项举措中，维稳意义最大的当数上市公司回购。在 A 股市场维稳与救市的历史上，上市公司回购是经常被使用的一项举措。毕竟，维护公司股价的稳定是上市公司应该承担的重要责任，但并不是大股东必须承担的。而基金公司是市场上的投资者，其操作主要基于对市场的判断，维护市场的稳定并不是其必须承担的责任。这也是上市公司回购在维稳中被经常采用的重要原因之一。

还有一个重要的原因就是，历史资料显示，上市公司回购有利于提升上市公司的投资价值。因为上市公司回购的股份只能用于注销，而注销了回购的股份意味着上市公司总股本的减少，在上市公司效益不变的情况下，剩余股份所拥有的每股权益就会相应上升。上市公司的投资价值也会因此而增加。这正是上市公司回购可以提振上市公司股价的一个重要原因。

不过，根据 2018 年 10 月 26 日审议通过的《公司法》修正案，上市公司回购的股份用途不再限于注销，还可以用于员工持股计划或者股权激励等，这在一定程度上提升了上市公司回购的热情，但让回购提振股价的作用打了折扣。一些上市公司热衷于回购股份，主要是基于满足员工持股计划或者股权激励的需要。

上市公司回购股份用于何处，这是上市公司自主决定的事情。不过，基于对证监会维稳号召的响应，更好地维持上市公司股价平稳运行，上市公司所进行的维稳回购就需要注意以下四大问题。

第一，上市公司所进行的维稳回购应以注销为主要目的。维稳回购属于《公司法》第一百四十二条中第（六）项"上市公司为维护公司价值及股东权益所必需"而进行的回购，目的就是维护公司的价值与股东权益。要达到这个目的，注销股份是重要手段。将回购股份用于"员工持股计划或者股权激励"明显不属于"维护公司价值及股东权益"的范畴，而是属于《公司法》第一百四十二条中第（三）项的规定——"将股份用于员工持股计划或者股权激励"。因此，不能将第（三）项与第（六）项混为一谈。

第二，上市公司进行维稳回购的同时要禁止公司大股东、重要股东减持。上市公司进行维稳回购的目的是维护公司股价的稳定。而大股东与重要股东减持显然是不利于公司股价稳定的。而且，大股东与重要股东减持也容易让市场怀疑上市公司进行维稳回购其实是为大股东与重要股东减持服务的。因此，在上市公司维稳回购期间，大股东及重要股东减持必须叫停。

第三，上市公司维稳回购的期限不能太长，应该在公司回购公告发布后的半个月或1个月内执行完毕。维稳回购是上市公司在紧急时刻所采取的举措，是一种"救急行为"。但救急如救火，拖不得；否则达不到稳定公司股价的目的。

第四，上市公司维稳回购时动用的资金不能太少。如果回购的资金太少，根本起不到维稳的作用，甚至有"忽悠式回购"之嫌。所以，上市公司维稳回购动用的资金不应低于5000万元。一些资金太少的上市公司则不必进行股份回购，应将资金用于企业发展。为了鼓励上市公司进行维稳回购，管理层可将上市公司维稳回购视同现金分红来考核。维稳回购对上市公司投资价值的提升也有助于投资者收益的提升。

29

让上市公司的"保壳游戏"失去用武之地

2020 年 11 月 19 日，中国证监会上市公司监管部副主任孙念瑞在"2020上市公司高质量发展论坛"上表示，下一步将优化退市标准，把单一连续亏损退市指标改为组合类财务退市指标。总体思路是不单纯考察企业盈利性，而是同时注重持续经营能力，退市监管更关注"僵尸企业"和"空壳企业"能够得到及时出清。

孙念瑞副主任的讲话表明，在上市公司退市问题上，证监会已经找到了一把打开上市公司退市大门的钥匙。尤其是一些"僵尸企业"和"空壳企业"屡试不爽的"保壳游戏"，面对证监会的这把新钥匙，恐怕要失去用武之地了。

退市制度是股市的一项基本制度，它对应的是股市的出口，其重要性是不言而喻的。但对于 A 股市场来说，退市制度一直是一个软肋。虽然退市制度推出有 20 年左右的时间了，但 A 股市场退市公司的数量较为有限，有时甚至几年都没有一家企业退市，退市制度并没有发挥应有的作用。

不过，近年来，退市制度陆续受到监管部门的重视。尤其是进入 2020 年以来，从证监会到金融委，再到中央全面深化改革委员会（以下简称深改委），各种重磅会议一再强调要建立常态化退市机制，要健全上市公司退市机制。《"十四五"规划》也提出要"全面实行股票发行注册制，建立常态化退市机制，提高直接融资比重"，很显然，退市制度成了资本市场最重要的制度之一。

越是重要的事情，就越要办好。因此，如何建立常态化退市机制，如何健全上市公司退市机制，就成了摆在 A 股市场以及证监会面前的现实问题。

虽然之前，深改委会议提出，要完善退市标准，简化退市程序，拓宽多元退出渠道，严格退市监管，完善常态化退出机制，但如何落到实处，市场尚在观望之中。

孙念瑞副主任的讲话让人们看到证监会已经抓住了退市制度的要害。为什么一些垃圾公司会成为股市的"不死鸟"？原因就在于这些"不死鸟"拥有一个法宝，那就是"保壳游戏"。这个"保壳游戏"利用的就是退市制度的一个漏洞，即连续 3 年亏损才会暂停上市。于是一些垃圾公司总是亏 2 年赚 1 年，或亏 1 年赚 1 年，以此达到规避退市的目的。

为了达到规避退市的目的，这些包括"僵尸企业"和"空壳企业"在内的垃圾公司的"保壳游戏"就粉墨登场了。比如，为了达到某一年盈利的目标，相关公司卖股票的卖股票，卖子公司的卖子公司，卖房的卖房，卖地的卖地，砸锅卖铁，通过变卖资产的方式达到保壳的目的。对于没有资产可供变卖的企业，某些地方政府会向其伸出援手，提供各种名目的补贴，帮助企业完成"保壳游戏"。如果遇上"中国好同学"或"中国好股东"，他们还会向上市公司赠送资产，或高价购买上市公司资产，帮助相关公司渡过难关。总之，各种"保壳游戏"在 A 股上市公司中层出不穷，以至于很多垃圾公司成了股市的"不死鸟"。这些"不死鸟"僵而不死，成为 A 股市场垃圾市的重要标志。如果能够把这些垃圾公司扫地出门，显然是有利于净化 A 股市场的投资环境的。

证监会提出的"不单纯考察企业盈利性，而是同时注重持续经营能力"就是专治"保壳游戏"的良方，是股市"不死鸟"的天敌。比如，退市标准不单纯考核企业的净利润，同时还考核企业的扣非利润，考核企业的经营利润，甚至还考核企业的经营收入情况，如此一来，"保壳游戏"就玩不下去了。毕竟"保壳游戏"能够粉饰的是企业的净利润，企业的扣非利润、经营利润以及经营收入是"保壳游戏"玩不转的，"不死鸟"也就会变成"死鸟"了。

不仅如此，作为对企业持续经营能力的一种考核，还可以引入企业职工人数指标。如暴风集团，2019 年年底的职工人数降至 10 余人，这样的企业是很难正常运转的，企业的倒闭几乎是不可避免的，这样的企业难言持续经营能力。因此，企业职工人数也可以作为企业退市的一个考核指标。

30

优先赔偿投资者机制有待进一步完善

为落实民事赔偿责任优先原则，切实保护投资者合法权益，2022 年 3 月 11 日，中国证监会、财政部联合研究发布了《关于证券违法行为人财产优先用于承担民事赔偿责任有关事项的规定（草案）》（以下简称《规定》），向社会公开征求意见。这意味着优先赔偿投资者制度进入了落实阶段。

根据《规定》的精神，违反《证券法》规定的违法行为人因同一违法行为，需要同时承担民事赔偿责任和缴纳罚没款行政责任，缴纳罚没款后，剩余财产不足以承担民事赔偿责任时，向人民法院提起诉讼，获得胜诉判决或者调解书后，经人民法院强制执行或者破产清算程序分配仍未获得足额赔偿的受害投资者可以提出书面申请，请求违法行为人因同一违法行为已缴纳的罚款用于承担民事赔偿责任；证券纠纷普通代表人诉讼中的诉讼代表人、特别代表人诉讼中担任诉讼代表人的投资者保护机构，可以代表受害投资者提出申请。

做出这一规定显然是很有必要的。一方面，这是落实《证券法》精神的需要。根据《证券法》第二百二十条规定，违反《证券法》规定，应当承担民事赔偿责任和缴纳罚款、罚金、违法所得，违法行为人的财产不足以支付的，优先用于承担民事赔偿责任。

另一方面，不论是《规定》还是《证券法》，都基于保护投资者合法权益的需要。因为在实际的执法过程中，行政处罚决定的做出时间大都先于民事判决。特别是在过去相当长一个时期内，行政处罚是民事诉讼的前置程序。虽然后来"两办"（中共中央办公厅、国务院办公厅）发布的《关于依法从严打击证券违法活动的意见》取消了民事赔偿诉讼前置程序，但由于民事诉讼过程的艰难与曲折，行政处罚先于民事判决做出的情况并没有发生多少变化。如此一来，企业缴纳行政罚款的时间显然要早于民事赔偿时间。而如果行政罚款金额巨大，那么企业也就没有能力承担赔偿投资者的责任了。

最明显的案例就是长生生物于 2019 年 11 月 27 日被深交所摘牌而退出 A 股市场。长生生物因为子公司长春长生在疫苗问题上造假，严重危害国民的身体健康，不仅被退市，更是被主管部门罚款 91 亿元。这一罚款金额甚至超过了该公司的净资产与股票市值。本来该公司因为疫苗造假问题而退市，理应赔偿投资者损失。但在承担了 91 亿元的罚款之后，也就无力承担对投资者的赔偿责任了。最后，长生生物退市带给投资者的损失只能由投资者自己买单。很显然，《证券法》及《规定》做出民事赔偿责任优先的规定与安排显然是很有必要的。

不过，虽然《规定》确认了优先承担民事赔偿责任的原则，但在实际操作的过程中还是相当麻烦的。就提出优先赔偿的申请来看，有两个先决条件：一是缴纳罚没款后剩余财产不足以承担民事赔偿责任；二是经人民法院强制执行或者破产清算程序分配仍未获得足额赔偿。要满足这两个先决条件不太容易：一来，上市公司即便还有财产，也不意味着有赔付能力，毕竟账面资产与实际赔付能力是两回事；二来，投资者未必能承受起赔偿走到强制执行或是破产清算阶段时的时间成本等。

而在满足上述先决条件的情况下，还需要提出书面申请。受害投资者可以在人民法院出具终结执行裁定书后 1 年内提出申请；违法行为人被人民法院宣告破产的，自破产程序终结或者追加分配程序终结后 1 年内提出申请；超过 1 年提出申请的，证监会不予受理。实际上，即便是证监会受理的，证监会也是按年度向财政部提出退库申请，而不是即时向财政部提出退库申请，这又将耽误很长的时间。最后才是财政部在 1 个月内完成审核工作，并将有关罚没款退还至证监会账户。证监会在收到退库资金后，再将违法行为人罚没款退付给受害投资者。所以整个过程较为烦琐且相当费时。

正因如此，为了切实落实优先赔偿投资者的原则，方便对投资者的赔偿，可对优先赔偿投资者机制予以优化。比如，在投资者保护基金之下设立投资者赔付基金，证监系统的执法罚款作为赔付基金的来源之一，直接进入投资者赔付基金专户而不是进入国库，这样在赔付受害投资者时，在上市公司短时间内无法赔付的情况下，可由投资者赔付基金专户代为支付，以确保投资者能够及时地得到赔偿。至于接下来的找上市公司及有关责任人追讨赔款或是清算事宜，则由投资者保护机构来全权负责，这显然更有利于优先赔偿投资者。

第四部分
投资方法及心态篇

PART 4

01

投资股票，先做一个合格的徒弟

股市里有一句谚语：会买的是徒弟，会卖的是师父。这句话的意思是，买股固然重要，但卖股更加重要，投资者不仅要会买，更要会卖。这个道理并不难懂，事实也确实如此。比如，同样是贵州茅台股票，有人卖在了2600元的位置，有人卖在了1600元的位置，还有人卖在了160元的位置。虽然同样是贵州茅台股票，但不同投资者得到的收益是不一样的，有的人赚得盆满钵满，有的人甚至割肉出局。所以，会卖确实很重要。

对于一个投资者来说，首先要做的事情就是做一个合格的徒弟。这道理与我们做人的道理其实是一样的。比如，你想做一个手艺人，要学会一门技巧或手艺，首先就得做学徒，做一个合格的徒弟。又比如，哪怕你参加工作，同样也需要从徒弟做起，要让一位有工作经验的师父带你一程。投资也是如此，也许进入股市之后，没有人会来做你的师父，但你仍然需要不断地探索，甚至为此付出代价。你所做的一切，都是为了做一个合格的徒弟，也就是为了"会买"。

其实，对于一个投资者来说，虽然会卖会被称为师父，但会买的重要性也是显而易见的。还是以贵州茅台为例，如果投资者会买，在200元时买进了贵州茅台股票，那么在以后的日子里，投资者即便不会卖，在300元将其卖出了，那也是赚了50%的收益。相反，投资者如果不会买，在2600元时买进了贵州茅台股票，那投资者再怎么会卖，也都会面临亏损的局面。因此，对于一般的投资者来说，会买是至关重要的第一步。所以，投资者需要先做一个合格的徒弟。

那么，投资者如何做一个合格的徒弟呢？投资者至少要掌握如下几个方面的内容。

一是买股时机的把握很重要。投资者都知道，选股很重要。这种选择在很大程度上就是买股时机的选择。众所周知，世界上没有只涨不跌的股票，也没有只跌不涨的股票。将这句话换一个说法，就是每一只股票都是可以让投资者亏损的，同时每一只股票又都是可以让投资者赚钱的。比如，前面提到的贵州茅台，如果投资者买在200元、300元的价位，那赚钱的机会显然是很大的；但如果投资者买在了2600元的价位，那要赚钱显然是很困难的。比如，同样一只股票，有的投资者买入后可以赚钱，但有的投资者买入后只能亏本，可见买入时机的重要性。

当然，这只是就个股的买入时机而言的。实际上，还需要结合大盘来判断。虽然股市里流传着这样一种说法——重个股、轻指数，但实际上，真正走出独立行情的个股并不多，大多数个股是随着大盘而动的，特别是在大盘下跌的情况下，很多个股会跟随大盘一起下跌。所以，大盘处于低位或阶段性底部时，更适合买进股票；相反，大盘处于高位时，则不是很好的买入时机。

与此相适应的是，大盘进入牛市时是买进股票的好时机，因为牛市里，绝大多数的股票价格都会上涨。相反，如果大盘进入熊市，大盘会表现为单边下跌的走势，这时绝大多数股票价格都会下跌，因此，熊市是不适合买股的，尤其是熊市初期与中期，投资者以空仓观望为宜。

二是买股时选择赛道很重要。选择赛道是最近几年在市场上比较流行的一种说法，其实并不难懂。因为对于赛道人们并不陌生，选择赛道即选择一个好的行业、好的上市公司。比如，要选择朝阳行业。朝阳行业是具有强大生命力的行业，是市场前景广阔的行业，是代表未来发展方向的行业。比如，一家是环保企业，另一家是环境污染企业，从投资者角度来说，当然要选择环保企业。

比如，最近两年机构投资者抱团取暖的股票，基本上都属于大消费概念股、医药概念股、高科技概念股，而且所选的股票大多是白马股、行业的龙头股。而不论是大消费还是医药、高科技，都是符合国家产业政策的，甚至是国家大力扶持的，都属于朝阳行业范畴。白马股与龙头股，在行业中占有优势地位。因此，从机构投资者的抱团中，投资者也不难感受到机构投资者对赛道的选择，选择赛道对于投资来说是一件很重要的事情。

三是价格因素需要特别重视。目前，投资者的投资行为基本上还是属于炒作的范畴，真正进行长期投资的很少。投资者投资股票的目的就是低买高卖，赚取股票的差价，而真正为了获取上市公司分红回报的，在公众股东中几乎是不存在的。毕竟对于公众股东来说，上市公司的分红回报其实是非常有限的。

以贵州茅台为例，2021 年 3 月 30 日晚，贵州茅台披露了 2020 年年报并同时推出了贵州茅台 2020 年度利润分配方案，拟每 10 股派发现金红利 192.93 元（含税），累计派发现金红利为 242.36 亿元。贵州茅台的分红方案堪称 A 股市场中最慷慨的分红方案。尽管如此，这样的分红对于公众股东来说也是没有多大价值的。以 2021 年 3 月 30 日贵州茅台的收盘价计算，其股息率只有 0.94%，远低于 1 年期银行存款利率 1.75%。这意味着如果买贵州茅台是为了获得上市公司分红回报的话，那还不如把钱存进银行。

不仅如此，现金分红还面临着股价上的除息处理，还面临着缴纳红利税，其结果是，上市公司分红越多，投资者缴纳的红利税也就越多，投资者最终的损失也就越大。以贵州茅台为例，假如其分红登记日的股价是 2000 元，每股分红 19.29 元，除息后的股价就变成了 1980.71 元。而每股 19.29 元的红利还要扣缴红利税，以红利税税率为 10% 计算，即要扣税 1.93 元。这每股 1.93元就构成了投资者的损失。

所以作为公众投资者，在股市里投资，很少以获取上市公司现金分红为目的，基本上都是为了获取上市公司股价波动所带来的差价收入，所以公众投资者的投资就是一种投机炒作。而要获得这种差价收入，当然只能低买高卖。如果是"高买"，那投资者就很难获得差价收入，恐将面临投资亏损的命运。也正因如此，买股必须考虑股票的价格因素，尽可能做到逢低买进、逢高卖出。

因此，在这里有一个观点是需要纠正的，那就是"重赛道、轻股价"，即投资一家好的上市公司，可以不在乎其价格的高低。这种观点显然是不正确的，在很大程度上是一些舆论对投资者的忽悠，其目的就是忽悠投资者到高位去为机构投资者接盘。比如，在贵州茅台股价站上 2600 元的时候，有舆论认为贵州茅台股价看高 3000 元，建议投资者买进，认为 2600 元的股价并不高。但实际情况表明，投资者如果真的在 2600 元时买进贵州茅台，那就只好做"接盘侠"了。

当然，从发展的趋势来说，如果贵州茅台的业绩在未来的日子里能够有较大幅度的增长，那么不排除贵州茅台有站上 3000 元的可能性。但就当下来说，没有这种可能性，毕竟 2600 元的贵州茅台已经透支公司的业绩了。正所谓黄金有价，任何股票的投资价值都是存在业绩瓶颈的，投资者在买股的时候，一定要看重股票的价格，不能盲目追高。

四是买股需要有必要的投资方法与投资技巧。投资需要掌握必要的投资方法与投资技巧，买股属于投资的重要环节之一，同样需要掌握必要的方法与技巧。比如，越跌越买的方法通常适用于股价在低位、在底部区域的股票。如果是处于高位的股票，绝对不能越跌越买，越跌越买只会让投资者加大投资损失。又比如，买入底部放量的股票或底部突破的股票也是一种比较常见的投资方法。因为底部放量或底部突破，在很大程度上意味着筑底成功。再比如，右侧交易的投资方法。左侧交易通常意味着下跌行情，而右侧交易则意味着上升行情。因此，通常在上升行情中买进股票风险很小，而获利的概率较大。

五是需要回避以下几类股票。虽然股市里没有只跌不涨的股票，但股票投资还是需要讲究理性，有些股票是需要远离的。在具体投资的过程中，有这样几类股票是投资者需要回避的。

第一类是宣布退市以及有退市风险的股票。这类股票往往跌多涨少，尤其是前者，所以投资者尽量不要参与这两类股票的交易。

第二类是有违法违规行为的股票。这类股票通常面临着监管部门的处罚，存在退市的风险，即便没有退市的风险，也将面临赔偿投资者的命运。所以这类股票在一定时间内也会以下跌为主基调，投资者需要回避这类股票。

第三类是重要股东大幅减持的股票。绝大多数这类股票的价格会出现一定幅度的下跌，只有少数基本面优秀的公司才会例外，所以对于重要股东大幅减持的股票，投资者需要回避。

　　第四类是股价大幅炒高的上市公司股票。对于任何一只股票来说，最大的风险就是股价被大幅炒高。正所谓风险是炒出来的，机会是跌出来的。因为对于股价被大幅炒高的股票来说，其风险是多方面的，比如，业绩不足以支持股价，投资者获利了结，股东减持等。所以投资者需要与股价被大幅炒高的股票保持距离。

02

股市作为宏观经济晴雨表，以什么为标准更适合？

2021 年 7 月 29 日，中国证监会原副主席高西庆在"2021 年中国资本市场高质量发展杭州峰会"上表示："国内资本市场是否真实地反映了中国经济发展基本面，不能以股价来衡量，市场上影响股价的因素有很多。"

高西庆认为，总体来看，国内资本市场 30 多年来的发展，反映了中国经济发展的基本面。高西庆称："中国资本市场已三十而立，31 年来取得了一些成绩。其中，在上市公司数量方面，已从最初的十几家，截至 2021 年 6 月底上市公司总数已有 4373 家。同时，中介机构的数量也取得了长足的发展。"

一直以来，股市都被认为是宏观经济的晴雨表。但如何看待股市这个晴雨表呢？高西庆无疑给市场提供了一个崭新的角度，即不能用股价的涨跌来衡量，或者说不能用指数的涨跌来衡量，而是要用股市的发展来衡量。

对于投资者来说，高西庆提出来的股市作为宏观经济晴雨表的衡量标准，可以说是前所未闻的，甚至是不能接受的。因为在此之前，市场普遍的看法是，股市作为宏观经济的晴雨表，直观地反映在股价的涨跌上，或指数的涨跌上。宏观经济形势看好，对上市公司构成利好，因此推动股价上涨，进而带动指数上升。相反，宏观经济基本面不好，上市公司股价下跌，从而带动指数下跌。

但很显然，市场的普遍看法并没有得到高西庆的认同。因为在高西庆看来，股市作为宏观经济晴雨表的衡量标准并不是股价的涨跌，而是上市公司数量的变化，甚至包括中介机构数量的变化。虽然高西庆的这个观点与市场的普遍看法不同，但并不排除高西庆的观点代表了监管部门某些官员的观点，毕竟高西庆曾经是证监会副主席。而且高西庆的这个观点正好契合了股市为实体经济服务这个宗旨，解决了中国股市作为宏观经济晴雨表的一个现实问题，那就是中国股市（上证指数）10 余年来一直在 2800 点附近徘徊，但这 10 余年包括中国经济的"黄金 10 年"。这个问题是股市这个晴雨表所不能解释的，但高西庆的观点可以很好地解释这个问题。

不过，高西庆的观点凸显的是资本市场的融资功能，即服务实体经济的功能。但将上市公司数量作为宏观经济晴雨表来考核，还是不合适的。实际上，上市公司数量增加跟宏观经济基本面并没有直接的关系。毕竟随着股市发展时间的延长，上市公司数量自然会相应增加。而且像美国股市，由于加大退市力度，其上市公司的数量有时甚至是减少的，我们并不能因此认为美国经济的基本面出现了问题。因此，用上市公司数量来衡量宏观经济基本面显然是不合适的。

股市作为宏观经济晴雨表的衡量标准还应该包括股价的涨跌、指数的涨跌。这是大的方向。当然，晴雨表也会失灵。失灵的原因也就是高西庆提到的"市场上影响股价的因素有很多"。高西庆提到，目前困扰中国资本市场的普遍症状，主要有财务造假、信息披露违规、内控不彰、公司治理混乱；重融资、轻回报，不分红或少分红；非法交易行为中的内幕交易、操纵市场；中介机构失职，如协助造假、无尽职调查签字等。高西庆提到的这些大多会对股市带来负面的影响。此外，高西庆没有提到的某些因素，如新股发行过快、重要股东的频繁减持套现等，都是造成股市晴雨表失灵的因素。但我们不能因为这些因素的存在，就改变股市作为宏观经济晴雨表的衡量标准。

相反，作为监管部门，更需要正视这些问题的存在，并尽可能地解决所存在的问题，让股市这个宏观经济晴雨表不再失灵。这才是对投资者负责、对市场负责。

03

上班族不要炒股？不宜一概而论

2021 年 8 月 10 日，如是金融研究院院长管清友表示：不太建议上班族买股票。他表示："我可以非常负责地告诉你，你真的很难赚到钱。我建议尽快把第一桶金积累得足够大一点，有更多、更丰富的专业知识，然后用自己的第一桶金去撬动你未来可投资的资产，用好杠杆，用适度杠杆，才能够实现自己财富增值。"

不建议上班族炒股是一个非常具有良知的忠告。毕竟有很多人鼓励上班族炒股，希望上班族将资金投入股市里，至于能不能得到回报，就不是这些人所关心的事情了。所以，管清友不太建议上班族买股票是对上班族负责的表现。毕竟，正如管清友所言，在股市里投资，上班族真的很难赚到钱，更多的时候，投资者把自己的本钱都亏进去了。

不过，管清友的说法也未必完全正确。管清友建议"尽快把第一桶金积累得足够大一点，有更多、更丰富的专业知识，然后用自己的第一桶金去撬动你未来可投资的资产，用好杠杆，用适度杠杆，才能够实现自己财富增值"。但关键是，如何把第一桶金积累得足够大一点呢？未来可投资的资产是什么呢？

对于大多数上班族来说，工资收入是较为有限的。要尽快把第一桶金积累得足够大一点，其实是很困难的事情。至于未来可投资的资产，基本上是上班族投资不起的。所以，上班族炒股，正是希望增加一部分收入。因为仅仅依靠那点工资收入来应付生活中的开销是存在很大压力的。可以说，上班族之所以选择炒股，很重要的原因就是为了增加收入，尽管投资者在股市里很难赚到钱。

当然，上班族选择炒股，也是因为随着互联网的发展，在手机上炒股很方便。只要手机在手，投资者就可以进行股票买卖了。如此一来，投资者就没有必要再到券商营业部去"坐班"了。上班族哪怕是在上班，也可以抽出时间来看看股票行情，做做股票交易。可以说，手机炒股为上班族炒股提供了方便，让上班族炒股成为可能。

正因如此，一味建议上班族不炒股，或不太建议上班族炒股，对于上班族来说未必是好建议，或未必是合适的建议。毕竟，现代人都需要有投资意识。而对于上班族来说，要增强自己的投资意识，炒股是不可或缺的选择。不仅如此，对于绝大多数上班族来说，未来可投资的资产也许就只剩股票了。毕竟股票投资几乎没有门槛限制，投资者不论拥有多少资金，既可以做股票投资，也可以做基金投资。或许炒股是上班族一辈子的投资事业。

不仅如此，即便少数上班族真的找到了其未来可投资的资产，炒股也是上班族投资的一个工具，有助于上班族认识投资、增强投资意识。很难想象，一个不炒股的上班族会有投资意识，当面对未来可投资的资产时会毅然进行投资。

因此，对于上班族来说，经济学家的不太建议其炒股的这一建议，其实并不是一个合适的建议。或者说，这个建议并不适用于所有的上班族。对安于现状的上班族，确实可以不建议其炒股。但对于不安于现状，尤其是对财富充满追求的上班族来说，炒股或许是必不可少的一个选择。而上班族炒股，最重要的是要有正确的投资理念，要有风险防范意识，同时也需要学习与掌握必要的投资技巧。如果是盲目投资，上班族炒股真的很难赚到钱，但如果掌握了一定的投资技巧，在股市上赚钱还是有可能的。所以，上班族炒股这个问题是因人而异的。

04

解决"基金赚钱、基民不赚钱"顽疾
需重视"一拖多"问题

2021年8月30日，在中国证券投资基金业协会第三届会员代表大会上，证监会主席易会满就加快推进基金业高质量发展问题发表讲话。其中，易会满提到，要从维护投资者合法权益的高度切实解决"基金赚钱、基民不赚钱"等问题。

易会满表示，"基金赚钱、基民不赚钱"的问题时有发生，其中固然有投资者自身的因素，但也有行业自身发展观和经营观的问题，反映了规模情结浓厚，重营销轻持续服务；有的代理销售机构和从业人员背离客户利益，诱导"赎旧买新"。为此，易会满希望广大基金机构自觉坚持客户利益至上，敬畏投资者，在为客户创造最大价值的同时实现公司的成长壮大。

"基金赚钱、基民不赚钱"的问题是基金业存在的一个老问题了。在这次召开的中国证券投资基金业协会第三届会员代表大会上，证监会主席易会满提起这个问题，表明这个问题已经引起监管部门的高度重视了，这对于基金业的健康发展来说显然是一件好事。但如何切实解决"基金赚钱、基民不赚钱"这个困扰着基金业发展的老问题呢？

之所以会出现"基金赚钱、基民不赚钱"这个问题，易会满归结的原因有两点：一是投资者自身的因素；二是行业自身发展观和经营观的问题，如规模情结浓厚，重营销轻持续服务，有的代理销售机构和从业人员背离客户利益，诱导"赎旧买新"等。

从投资者的角度来说，基民不赚钱，显然是买错了基金品种的缘故。毕竟在众多的投资基金中，虽然有的基金是亏损的，但也有不少基金是赚钱的。基民不赚钱显然是因为没有买到赚钱的基金。而这个问题，涉及的是基民的投资水平问题。毕竟对投资基金的选择也是需要投资技巧的。

当然，从监管的角度来说，要切实解决"基金赚钱、基民不赚钱"的问题，显然不仅需要针对基民这个因素，还需要针对行业因素，也就是行业的发展观与经营观的问题。实际上，这个问题，归根结底是基金制度的缺陷与漏洞。

基金为什么规模情结浓厚？为什么重营销轻持续服务？为什么有诱导投资者"赎旧买新"现象？实际上，出现这种情况并不难理解。因为从基金角度来说，基金规模越大意味着基金公司的利益就越多，因为基金公司的管理费是按基金规模来收取的，而不是按投资收益来收取的。所以基金公司更重视基金规模的发展壮大，为此基金公司总是千方百计地发行新基金。为了发行新基金，代理销售机构也就会想方设法地让客户"赎旧买新"，毕竟对于这些代理销售机构来说，新基金的发行量越大，得到的利益也就越多。

所以，要解决"基金赚钱、基民不赚钱"的问题，消除基金公司的规模情结是关键。当然，基金的发展不可能不考虑基金规模因素，完全不考虑规模因素是不可能的，但可以将这个因素淡化一些。比如，将现行的基金管理费按基金规模固定收取，改为按基金投资收益浮动收取。如此一来，基金公司就不会只重视基金规模了，同时还会重视基金的投资收益水平。只有基金投资赚钱了，基金公司才能收取管理费，这样，基金的利益就和基民的利益捆绑在了一起，"基金赚钱、基民不赚钱"的问题也就不复存在了。

而为了改变基金公司盲目追求基金规模的现状，有必要规范基金经理的管理。目前，一些基金公司为了追求基金规模，一味发行新基金，而不管这些新基金有没有基金经理来打理，一味让现有的基金经理"一拖多"，一个基金经理管理多只投资基金。夸张的是，曾经有的基金经理一人管理30多只投资基金，基金经理成了"超人""神人"。这显然是对基民不负责的做法。

因此，要解决"基金赚钱、基民不赚钱"的问题，就有必要解决基金经理"一拖多"的问题。比如，股票型、混合型基金的基金经理，一人最多管理2只基金；指数型基金的基金经理、债券型基金的基金经理，一人最多管理 5 只基金；货币型基金的基金经理，一人最多管理 8 只基金。让基金经理集中精力管理好手中打理的投资基金，而不是"一拖多"来服务于基金发行，应付投资者，这实际上是对基民利益的损害。因此，解决基金经理"一拖多"的问题，也是切实解决"基金赚钱、基民不赚钱"问题的一个重要举措。

05

不要"贪杯"，投资者应以"戒酒"为宜

2021年8月底，白酒股出现异动。一直"深蹲"的白酒股，连续3天上涨，似有重新"站起来"的趋势。以中证白酒指数为例，3天的涨幅达到9%。不少投资者惊问：白酒股要反转了？

就目前来说，显然还不能得出白酒股要反转这样的结论。但唱多白酒股的人为数不少，特别是一些券商，它们是唱多白酒股的主力。比如，招商证券给予山西汾酒400.00元的目标价，而山西汾酒8月25日的收盘价为284.55元，距目标价尚有逾40%的潜力空间；安信证券给予五粮液320.00元的目标价，五粮液8月25日的收盘价为217.50元，有近50%的潜力空间；古井贡酒、舍得酒业、金徽酒均获多家机构推荐，相比目标价，现价均有较大的潜力空间。

再比如，中信证券认为，展望2021年下半年，白酒行业持续景气，中秋旺季名酒动销表现值得期待，建议紧抓高成长、攻守兼备两条主线。而国泰君安更是志存高远，将白酒远销到了国外，认为白酒的海外市场空间广阔。

尽管唱多白酒股的声音接连不断，但我要提醒投资者的是，不要"贪杯"，不要在白酒股上"沉醉"。如果可以做到，投资者还是以"戒酒"为宜。究其原因，主要基于这几点。

首先，目前的白酒股并不便宜，以中证白酒指数为例，8月25日的收盘指数为15615.89点，以2019年1月2日为起始日，涨幅高达262.93%。可以说，目前的白酒股仍然处于历史高位区域。虽然经过了近3个月的回调，但目前白酒股指数所处的位置并不低，白酒股的股价也并不便宜。以贵州茅台

为例，8 月 25 日的收盘价为 1665.02 元，这是在 2020 年 7 月 7 日之前贵州茅台股价从未达到的高度。而贵州茅台股票所对应的市盈率仍然超过 40 倍，这个估值显然并不低，缺少必要的投资价值。因此，从投资的角度来看，投资者没有必要买进白酒股。

其次，从投机的角度来看，虽然在白酒股里投机，不乏赚钱的机会，但投资者应该赚自己该赚的钱，白酒股中的钱不是投资者该赚的。毕竟白酒里含有大量的酒精，而酒精是致癌物。2021 年 8 月 4 日，科学技术部官网刊发的《加拿大一项研究表明部分癌症和饮酒有关》的文章特别指出，酒精是世界卫生组织国际癌症研究机构（IARC）定义的 1 类致癌物，酒精是全球癌症的主要原因，并且随着酒精消费量的增加，癌症数量将进一步上升。因此，白酒危害国人的身体健康，白酒类公司的效益越好，表明白酒的销量就越高，白酒危害的国人可能越多。因此，赚白酒股的钱是不道德的，它所牺牲的是国人的身体健康。

实际上，正因为白酒危害国人身体健康，所以对于投资者尤其是机构投资者投资白酒股，市场上总是充满了指责的声音。比如针对"公募一哥"张坤重仓白酒股的行为，原华泰证券电子首席研究员纪攀峰就提出了公开的批评：作为基金经理，享受更多的是国家高速发展的红利，拿了公众的钱，作为公众人物，更应该多考虑社会责任感；猛烈地抱团白酒，对社会价值观影响太坏了，作为清华理工科的毕业生，还是要多反思反省。很显然，原华泰证券电子首席研究员纪攀峰对张坤的批评正中了张坤的要害。

最后，正因为白酒危害国人身体健康，所以白酒股也面临着政策上的风险。建设健康中国是我国发展的一个重要目标。为此，2016 年 8 月 26 日，中共中央政治局召开会议，审议通过了《"健康中国 2030"规划纲要》。而习近平总书记也非常重视国人的健康问题，一再强调把保障人民健康放在优先发展的战略位置，表示要聚焦影响人民健康的重大疾病和主要问题，加快实施健康中国行动，织牢国家公共卫生防护网，推动公立医院高质量发展，为人民提供全方位全周期健康服务。而白酒业显然是建设健康中国的绊脚石。

也正因为白酒业面对健康中国建设的心虚，所以在 2021 年 8 月 20 日，市场传出一份国家市场监督管理总局价格监督检查和反不正当竞争局发布的《关于召开白酒市场秩序监管座谈会的通知》，硬是将市场上的白酒股都吓趴下了。当天，中证白酒指数大跌，跌幅近7%，不少白酒股直接跌停。而这种政策性风险将会因为健康中国的建设而长期"陪伴"着白酒股。

06

资本市场要远离"精神鸦片"

2021年8月3日，新华社旗下《经济参考报》发表《"精神鸦片"竟长成数千亿产业》一文，剑指网络游戏，认为其对未成年人的健康成长造成了不可低估的影响。这篇文章极大地反映了中国家长的心声，因此在互联网上被广泛转发转载。网络游戏股因此受到重挫，如腾讯控股8月3日盘中跌幅近10%，而网易的盘中跌幅更是超过15%。

将网络游戏称为"精神鸦片"显然是合适的。在广大中国家长的眼里，网络游戏就是"毒药"，就是"害人精"。网络游戏不只是广大中国家长的公敌，还是中小学老师们的公敌。多少家庭的孩子被网络游戏坑害，多少好学生沉迷游戏导致学习成绩一落千丈。"手机被我摔了五六个，孩子不吃早饭，把钱攒起来买手机，继续玩游戏。""有的同学有时一天玩8个小时《王者荣耀》。"这是有关记者在采访时所听到的令人忧心的声音。

可以说网络游戏严重地影响了孩子们的正常学习，严重地影响了孩子们的健康成长。那些沉迷于网络游戏的孩子，不仅浪费了大量的钱财，而且浪费了大量的精力，导致学习成绩下降，甚至厌恶学习。并且长期玩游戏，不仅孩子的身体尤其是眼睛会明显受到损害，孩子的性格也会变得孤僻。网络游戏对孩子的伤害可谓罄竹难书。

也因如此，在中共中央办公厅、国务院办公厅印发"双减"《意见》，要求引导学生合理使用电子产品，控制使用时长，防止网络沉迷的背景下，新华社旗下媒体终于说出了广大中国家长及中小学老师们的心声。这个行业存在的合理性确实有待商榷，毕竟任何一个产业、一项竞技都不能以毁掉一代人的方式来发展。而网络游戏毁掉的是一代又一代的青少年，而这些青少年是祖国的花朵与未来。少年强则中国强，网络游戏对青少年的摧毁，就是对中国未来的摧毁，这是绝对不能允许的。

令人惊讶的是，网络游戏这个产业居然发展成了数千亿的产业。这就意味着中国青少年受害者之多以及受害之深。网络游戏这个产业规模发展得越大，证明对青少年的毒害就越大，对中国未来的摧毁就越严重。因此，这个产业的发展必须予以限制，并最终予以取缔。

网络游戏这个产业之所以能够快速发展，是因为有资本这一最重要的推手。资本本身就是嗜血的，也是没有道德底线的，只要能够赚钱，什么事情都能做出来。正如马克思在《资本论》里表示的那样：一有适当的利润，资本就会非常胆壮起来。只要有10%的利润，它就会到处被人使用；有20%，就会活泼起来；有50%，就会引起积极的冒险；有100%，就会使人不顾一切法律；有300%，就会使人不怕犯罪，甚至不怕绞首的危险。而网络游戏带给资本的回报远超300%，这就是资本敢冒天下之大不韪而大力发展网络游戏的原因。

资本的回报来自哪里？其中一个重要渠道就是资本市场。网络游戏公司通过上市成为资本市场里的上市公司，或被上市公司收购重组并入上市公司之中。然后资本通过资本市场退出，并从中获得远超过300%的高额回报。可以说，正是有了资本市场作为后盾，资本才敢放手一搏，大手笔投资网络游戏公司。因此，资本市场对网络游戏业的快速发展起了推动作用。

很显然，这是资本市场误入歧途的一种表现。资本市场支持实体经济的发展，为的是做大做强实体经济，做强中国。而网络游戏公司的发展不是做大做强中国，而是摧毁中国的花朵与未来，使有孩子的家庭及学校老师怨声载道，这显然是背离了支持企业上市初衷的。

正因如此，为了贯彻落实中共中央办公厅、国务院办公厅"双减"《意见》精神，让中国青少年健康成长，远离游戏，资本市场有必要带头远离网络游戏，一方面是严禁网络游戏公司上市，另一方面是将已经上市的网络游戏公司踢出资本市场，让股市至少在这一方面成为一方净土，为中国青少年的健康成长，为未来中国走向强大做出应有的贡献。

07

个人投资门槛降至不低于 50 万元，
投资者更要增强风险意识

2021 年 9 月 17 日，北交所发布《北京证券交易所投资者适当性管理办法（试行）》。文件规定，北交所开市后个人投资者准入门槛为申请权限开通前 20 个交易日证券账户和资金账户内的资产日均不低于 50 万元，同时参与证券交易 24 个月以上。在北交所开市前已开通精选层交易权限的投资者，其交易权限将自动平移至北交所。另外，全国中小企业股份转让系统同步修改投资者适当性管理办法，将新三板创新层投资者准入资金门槛即日起由 150 万元调整为 100 万元。

北交所将个人投资者门槛设置为不低于 50 万元，意味着与目前精选层 100 万元以上的个人投资者门槛相比，降低了 50 万元。这一门槛与目前沪市科创板的个人投资者门槛保持一致。这是符合市场预期的，同时也顺应了北交所发展的需要。如果北交所开市后的个人投资者门槛仍然保持在 100 万元以上，精选层的交易仍然不会活跃，这对北交所的发展显然是不利的。在北交所开市后，让更多的投资者参与北交所的交易，这既是北交所发展的需要，也是不少投资者的愿望。

北交所个人投资者门槛降至不低于 50 万元，是否会造成 A 股市场的资金分流，这是很多 A 股市场投资者非常关心的一个问题。我认为，北交所个人投资者门槛的降低，对 A 股市场资金分流的影响是较为有限的。毕竟，在目前的 A 股市场投资者中，资金金额在 50 万元以上的投资者占投资者人数的比例较低，约为 3%。同时，北交所个人投资者门槛不低于 50 万元的设置与沪市科创板保持了一致，如果存在资金分流，基本上也是分流部分科创板开户投资者的资金。而且，北交所开市之初上市挂牌公司数量有限，加上投资者对北交所上市公司还有一个了解的过程，这就意味着北交所个人投资者门槛降至不低于 50 万元，对 A 股市场资金分流的影响是较为有限的。A 股市场的投资者对这个问题不必过于担心。

倒是达到北交所个人投资者门槛的投资者在进入北交所交易时，需要对北交所上市公司的投资风险有清醒的认识。因为北交所与沪深交易所是错位发展的。与 A 股上市公司相比，北交所上市公司突出的是"更早、更小、更新"的特点。正因如此，这就意味着在北交所挂牌上市公司的投资风险要大于 A 股上市公司的。比如，盈利能力较为有限，而对资金的需求较为强烈，相对应的是上市公司的分红能力不足，包括北交所在监管上对上市公司现金分红比例不做硬性要求，而是鼓励公司"量力而为"，并且公司管理不规范的问题也是较为常见的。也正因如此，进入北交所的投资者，一定要有更强的风险意识与自我保护的能力。

当然，北交所将个人投资者门槛降到不低于 50 万元，对于北交所来说也是一个考验。在资金门槛为 100 万元以上的情况下，进入精选层的个人投资者极少，精选层基本上是一个机构投资者的市场。由于机构投资者抗风险的能力较强，风险意识也相对较强，所以，投资者保护问题在精选层并不突出。但在将个人投资者门槛降到不低于 50 万元之后，就会有一批个人投资者进入北交所。于是个人投资者的保护问题就需要提上日常监管的工作日程。这就需要做好以下两个方面的工作。

一方面，要加强日常监管工作，其日常监管工作的力度要不低于沪深交易所的。毕竟，北交所上市公司的投资风险大于 A 股市场上市公司的，而且在北交所，机构投资者是市场的主力，个人投资者力量有限，很容易成为机构投资者捕捉的"虾米"。因此，北交所更需要加强日常监管工作，加强对市场上各种违法违规行为的监管，通过加强日常监管来减少各种违法违规行为的发生，进而起到保护投资者尤其是个人投资者的作用。

另一方面，要结合北交所的实际情况进一步完善投资者保护制度，这项投资者保护制度相对于 A 股市场的来说要更加严密。投资者保护一直是 A 股市场的一个软肋，这个问题不能在北交所延续，而是要从一开始就加以重视、积极预防。毕竟在北交所上市的公司突出"更早、更小、更新"的特点，公司管理容易存在不规范的问题，这就很容易损害投资者的利益。因此，北交所的投资者保护制度相对于 A 股市场的来说，要更加严密、更加完善。

08

投资者能从两位散户"股神"的成功中学到什么？

近期，随着上证指数的步步高升，A 股市场又开始"炫富"了。2021 年 9 月，市场就挖掘出了两位股神级散户，让投资者羡慕不已。

一位是 A 股最高龄股民之一，104 岁的上海闵行区的周鸿宝奶奶。周奶奶于 1994 年开立证券账户，于 1994 年 4 月 20 日第一次交易。炒股 20 余年，周奶奶在股市里获得了几十倍的收益。在散户亏多赚少的股市里，周奶奶无疑成了股市里的一个奇迹，同时也是股市里的一棵常青树。

另一位是舆论声称"靠炒股在上海买房"的视障人士张日敢。据报道，1988 年出生的张日敢在朋友的帮助下开户炒股，靠手指和耳朵完成交易。2020 年，他的年化收益率达到了 30%。如今，投资理财已经成了张日敢的主要工作，靠自己在股市中的收入，2021 年张日敢在上海松江买了房、结了婚，在上海扎下了根。

上述两位股民都不是一般人。周奶奶 104 岁，却在股市里取得了几十倍的收益，这不禁让股市里的广大后生自愧不如。周奶奶无疑是中国股市的一个骄傲。难怪周奶奶现在组建了一个"投资团队"，由大儿子负责照顾周奶奶的日常生活，小儿子负责辅助周奶奶进行股票操作。

张日敢是一位视障人士，就连现场开户都通不过审核，因为视觉障碍，看不见风险协议书，不能现场签字，所以遭到券商工作人员的拒绝。直到 2015 年通过在线申请，张日敢才开户成功。也正因为视障，他看不见 K 线图，而只能通过听股价的形式将 K 线图"画"在自己的脑中，然后靠手指和耳朵完成交易。但就是这样一位视障人士，靠炒股在上海买了房、结了婚，这让我们普通人做何感想？难怪舆论称张日敢太牛了！尽管张日敢表示，他并没有"炒"出来一套房的钱。但对于一位视障人士来说，能凭借炒股在上海成家立业，仍然是很了不起的一件事，很多视力正常的人都望尘莫及。

两位散户"股神"的故事让广大投资者乃至网友们热血沸腾，从周奶奶与张日敢的成功案例中，人们仿佛也看到了自己成功的可能。尤其是一些新股民与准股民，更是撸起袖子，准备在股市里大干一场。因为在他们看来，难道自己还不如一位百岁的老奶奶，不如一位视障人士？他们认为，这两位散户"股神"能取得成功，自己同样可以取得成功。

成功者的故事总是可以激励旁人的，A 股市场能有上千万甚至上亿计的投资者前赴后继，离不开成功者的榜样力量。但进入股市后的投资者最终取得成功的总是少数，股市里的"七二一"定律①基本上反映出了投资者在股市里取得成功的难度，即投资者的成功率在 10% 左右。因此，进入股市里的投资者，更多的是亏损的。能不能取得成功，其中一个至关重要的因素就是向成功者学习什么。比如，从这两位散户"股神"的成功中学到什么。

那么，投资者可以从百岁周奶奶的成功中学到什么呢？周奶奶在股市里获得的几十倍的收益无疑是亮眼的。不过，从绝对获利金额来看，其实并不多。周奶奶前前后后从股市里赚了 10 万元，一个中户在股市里一笔就赚回来了。因此，几十倍的收益说起来挺吓人的，但绝对获利金额并不高。周奶奶投资的本金很少，投资从几千元渐增到上万元。因此，周奶奶成功的经验就是：量力而行，不借钱炒股，只用生活中的闲钱炒股，而且只买自己熟悉的股票。周奶奶炒股的心态很好。一般来说，心态好，赚钱也就不难了。这就是投资者应该学习的地方。

张日敢的成功经验与周奶奶的有相同之处。周奶奶强调买自己熟悉的股票，张日敢也会选择平时生活中能接触到的行业，比如医药、消费，尽量买一些优质龙头股，踏实拿住。同时，张日敢不做短线，买入股票后一般中线

---

① "七二一"定律指十个人炒股，七个亏损，二个平，一个盈利。

持有；并且他注重分散持股，不重仓单只股票。这也在一定程度上表明张日敢投入的本金是比较多的，如果也像周奶奶只投几千块，恐怕也就只能买一只股票了。可见，张日敢比较注重风险控制。张日敢的投资理念无疑是值得投资者借鉴的。

09

告别盲目投资，上市公司的投资理财亟待规范

2021 年 10 月，豪悦护理发布的《杭州豪悦护理用品股份有限公司关于子公司投资期货相关事项的说明》在投资者中炸开了锅。该说明称，截至 2021 年 10 月 11 日，公司开展期货投资累计投入 15310 万元，产生累计亏损（含浮动亏损）6934.15 万元。

该说明披露，截至 2021 年 10 月 11 日期货结算，子公司江苏豪悦实业有限公司期货账户还持有焦炭 2201 合约 310 手，浮动亏损 2416.32 万元；焦煤 2111 合约 10 手，浮动亏损 50.19 万元；焦煤 2201 合约 579 手，浮动亏损 2882.73 万元。子公司在焦煤上做的是空单，而 10 月 12 日焦煤价格仍然在大幅上涨，因此，该公司期货账户上的浮动亏损还在继续增加。

目前，上市公司进行投资理财已经是普遍现象了。上市公司在投资理财的过程中出现一定的投资亏损也是正常现象。毕竟投资有赚有赔，没有人能够保证投资只赚不赔。

但通过豪悦护理子公司江苏豪悦投资的期货账户人们不难发现，该期货账户的投资亏损完全是不应该出现的。该公司出现投资亏损，完全是任性投资、盲目投资的结果，同时也暴露出该公司所进行的投资完全是外行投资。

豪悦护理之所以开展期货投资，根据该公司的说法，是鉴于公司前期新建厂房，钢材等原料需求较大，为间接对冲相关材料价格，公司管理层进行期货套期保值操作。因此，该公司进行期货投资的出发点是好的。但仅仅出发点是好的显然是不够的，公司还必须懂得投资，还要敬畏市场。但该公司在投资上显然是外行，以至于该公司在投资上完全是盲目的、任性的。

一方面，豪悦护理是生产卫生巾等卫生用品的厂家，却在期货市场上对焦煤等进行投资，这算是跨界了。术业有专攻，让一家生产卫生巾的厂家投资焦煤等，听起来就不靠谱。

另一方面，豪悦护理子公司在期货市场上做空焦煤也确实是一种外行操作。因为目前市场上焦煤供不应求，山西暴雨又导致山西的一些煤矿不能正常生产，这又进一步加剧了焦煤供不应求的局面。在这样的市场背景下，豪悦护理子公司居然全线做空焦煤，其外行与任性是显而易见的。豪悦护理子公司的投资如此盲目，也注定了该公司投资亏损的命运。

实际上，在上市公司中，类似于豪悦护理这样盲目投资、任性投资的并非孤例。由于这些上市公司并不缺钱，所以，这些公司有钱就任性，说买股票就买股票，说炒期货就炒期货，想做多就做多，想做空就做空，投资完全是想当然，以至于像豪悦护理子公司那样，连投资的方向都选错了，将一个理应做多的品种强行做空，最终导致投资亏损的结局。这样的外行投资不仅没有减轻企业的负担，反而加剧了企业的亏损。

如果是私人企业进行这种盲目投资、任性投资，其他人是无权干涉的。但上市公司是公众公司，这种盲目投资所造成的亏损，最终需要由投资者来买单，因此，这种任性投资最终损害的是二级市场投资者的利益。也正因如此，对于上市公司的这种外行投资、任性投资、盲目投资，不能放任其继续下去，而必须对上市公司的投资理财进行规范管理。

对上市公司的投资理财进行规范管理，关键是要改变上市公司老板拍脑袋决策的投资方式。进行投资理财时，必须是专业的人做专业的事，避免外行投资、任性投资、盲目投资行为的发生。为此，有必要从以下三个方面加以规范。

一是开展投资理财的上市公司，必须设立专门的证券部门或投资部门来负责投资理财事宜，而不能由董事长临时拼凑人马进行投资。这是落实专业的人做专业的事、避免外行投资的一个重要环节。

二是证券部门或投资部门的负责人必须具备必要的投资经验与相应的从业资格，参与投资的相关人员，如风控人员及交易人员也都必须具备必要的投资经验及相应的从业资格。没有相应的从业资格与投资经验的人员，不得参与上市公司的投资理财活动，以便切实对上市公司的投资行为负责。

三是对上市公司用于投资理财的资金加以限制。比如，规定上市公司用于二级市场的投资理财资金不得超过公司净资产的5%，以此将上市公司投资理财的风险控制在一定的范围内，避免投资理财亏损给上市公司带来较大的冲击。

10
投资者莫将新基申购当成股票"打新"

没有最高，只有更高。在新基金发行火爆的 2021 年年初，用这句话来形容新基金发行的认购规模实在是再恰当不过了。比如，2021 年 1 月 18 日，共有 21 只新基金扎堆发行。其中，当天发行的易方达竞争优势企业基金的认购规模达到 2398.58 亿元，这一单日认购规模已经打破了 2020 年由鹏华匠心精选创下的 1357 亿元的纪录，成为我国公募基金有史以来认购规模最大的产品。由于该基金的募集上限为 150 亿元，最终配售比例为 6.2537%。

基金发行火爆与近年来投资基金所表现出来的高获利能力有很大的关系，当然也与基金销售渠道及销售手段有关。如这次创下发行新纪录的易方达竞争优势企业基金，其发行得到了 150 家机构的支持。而且在发行前一些营销机构还对该基金产品推出了"低配比"营销，比如按照 20% 的配售比例向客户做宣传，让客户按照原计划的四五倍资金买进去，后来又将配售比降至 10%。正是这种"饥饿营销"，最终成就了该基金的创纪录发行，最终配售比例为 6.2537%，跟新股中签有些类似。

实际上，确实有投资者把新基金的申购当成新股"打新"。"打新"是 A 股市场的一个传统项目，成就了 A 股市场新股发行的火爆局面，任何新股的发行都会受到投资者的热捧。而这种"打新"的做法近年来也蔓延到了新基金的发行。只要有新基金发行，在客户经理或理财经理的引导下，投资者就"逢新必打"，进而成就了近 2 年新基金发行火爆的局面，"日光基"①"爆款

---

① "日光基"是指一天就卖光的基金。

基金"因此诞生。而这种"打新"的做法同样也是成就易方达竞争优势企业基金发行纪录的重要原因。

其实,新基金发行的申购与新股发行的"打新"还是有很大不同的,投资者需要对此有大致的了解并区别对待,不要把新基金发行真的当成新股发行,不要把新基金发行的申购当成新股"打新"。

首先,投资者对新股的投资通常是一种短期的投资行为。投资者"打新"中签了,认购了,新股上市后就可以抛售,而且通常可以获得丰厚的投资收益,所以投资者愿意积极参与"打新"。但投资者对新基金应做中长期的投资,不宜做短期投资。投资者短期投资基金的收益通常非常有限,甚至是亏损的。既然是做中长期投资,那么投资者参与基金申购就要更慎重一些,不能像新股"打新"那样"逢新必打"。对新基金"逢新必打",无疑是在给基金销售机构打工。

其次,新股的投资风险与新基金的投资风险是不一样的。对于 A 股市场来说,"新股不败"现象仍然是存在的。新股上市首日破发的现象较为少见。所以,投资者"打新"中签后,短线卖出通常都能获利,有的获利还很丰厚,投资者进行新股"打新"的风险并不大。但新基金更适合中长线投资,而这种中长期投资能否获利,一方面受行情发展的影响很大,另一方面与基金经理理财水平的高低有密切的关系。如在 2020 年,投资基金整体收益丰厚,主动权益类基金平均收益率达到 47.6%,89 只权益类基金收益率翻倍,但在这种大好形势下,也有 14 只主动权益类基金 2020 年度的收益率为负,垫底基金全年亏损了 11.66%。因此,投资基金之间的差别还是很大的,投资者不能闭着眼睛买进,也不能"逢新必打"。

最后,新股与新基金还有一个很大的不同是,新股没有代替品,而新基金是有代替品的。新股上市收益丰厚,这是"打新"者所追求的,所以面对新股"打新",没有人会说投资者可以买哪只老股来代替,毕竟大多数老股的短期收益通常都不能与新股的相提并论。而对于新基金的发行,一些成熟的投资者其实是不以为然的,很少会参与申购。因为在这些成熟的投资者看来,申购新基金不如买进老基金靠谱。所以,大多数买新基金的投资者不是老基民,而是新基民,或是一些投资经验并不丰富的投资者。

　　正是基于新基金与新股的上述不同，所以投资者莫将新基金申购当成股票"打新"。对于新基金申购，投资者还是要多一些风险意识，不要"逢新必打"，而是要有选择性地参与新基金的申购。比如，选择那些理财能力较强的基金公司或基金经理的基金产品，以及选择自己比较看好的某些行业的基金产品等。基于此，投资者申购易方达竞争优势企业基金倒也是一个合适的选择。

11

基金管理人与持有人利益捆绑有三大影响

2021 年 1 季度末，随着股市行情的回调，基金投资出现亏损，基金发行也因此出现降温的趋势。"日光基""爆款基金"不再，基金发行期延长成为一种常态。而为了增强投资者对基金的信心，一些基金经理纷纷走向前台，高调购买自己旗下的基金，也有基金公司出资认购自己公司发行的新基金。

比如，申万菱信基金投资总监就在 2021 年 3 月自购 200 万元的新基金申万菱信乐享混合基金。该总监同时还给投资者写信表示，申万菱信乐享的发行期间遭遇市场暴跌，募集规模不及预期，面对市场的下跌，自己的态度是理性的，因为基金可能在更好的价格上建仓。而永赢基金也发布公告，将出资 5000 万元认购新基金永赢惠添益混合型证券投资基金，永赢惠添益混合型证券投资基金的拟任基金经理也出资 100 万元自购。

基金经理以及基金公司自购旗下新基金，从目前的市场情况来看，主要是一种营销。这种自购，可以展示基金经理以及基金公司的信心，吸引公众投资者认购。虽然刚刚经历基金投资亏损的打击，投资者的信心难以一下子恢复，基金发行未必能够马上升温，但实际上，基金自购的这种做法还是值得肯定的。而且基金自购的这种做法，不能仅限于基金发行低迷时，而应作为一项制度，作为基金发行的一种规范加以明确，只要是新基金发行，就都应该进行基金自购。

通过这种方式发行的基金，实际上相当于发起式基金。所谓的发起式基金，就是基金管理人及高管作为基金发起人认购基金的一定数额发起设立的基金。基金管理人与高管认购的基金份额通常都有一定的锁定期，而锁定期不低于 3 年。所以，对于基金自购行为，可以加以规范，鼓励发行更多的发起式基金，让发起式基金成为公募基金最主要的类型。毕竟发起式基金中的基金自购，在基金业发展过程中的作用是非常重大的。

当然，基金自购的规模不能太小，如果自购的规模太小，很难发挥基金自购的作用。可规定基金自购规模不小于新基金初始规模或预计募集规模的 5%。比如基金自购规模为 5000 万元的，则新基金的初始发行规模就不应超过 10 亿元。至于基金成立后的申购与赎回引发的基金规模的变化，则不受基金自购规模的限制。这种基金自购的影响是相当深远的。

首先，至关重要的一点，就是将基金管理人（包括基金公司、基金经理及高管）的利益与基金持有人（也就是基金投资者）的利益捆绑在一起。目前，基金业发展有一个很大的弊端，就是基金管理人的利益与基金持有人的利益是脱节的。基金管理人旱涝保收，哪怕基金投资出现重大亏损，基金管理人的管理费还是正常收取的，基金持有人要承担基金投资的全部风险，这对于基金持有人来说相当不公平。如果基金自购，而且自购规模达到一定的比例，那么基金投资亏损的风险基金管理人也要承担，如此一来，基金管理人与基金持有人的利益就一致了，这有助于完善基金制度。

其次，基金自购可以让基金管理人在投资的过程中尽职尽责，这样就不会发生汇安均衡优选混合这种盲目建仓的事情了。作为 2021 年 2 月 9 日新成立的一只基金，该基金成立后一两个交易日就完成了基金建仓。由于是高位建仓，结果截至 3 月 12 日，该基金的单位净值就跌到 0.7921 元，亏损了 20.79%。如果该基金在发行时采取基金自购的方式，尤其是基金经理也认购一定的基金份额，那么该基金的投资就不会这样随意了。正因为没有基金自购，基金的投资不会影响基金管理人的利益，所以基金管理人在投资的过程中也就少了一份责任感。因此，要增强基金管理人的责任感，让基金管理人尽职尽责，就需要进行基金自购。

最后，基金自购也可以避免新基金的盲目发行。因为目前基金管理费的收取是与基金规模挂钩的，所以基金公司都追求做大基金规模，至于公司的管理能不能跟上，包括基金经理的数量与理财能力等，都是次要的。所以，基金公司总是在追求新基金的发行。而基金自购可以让基金公司的新基金发行趋于理性，避免盲目发行。一方面，基金公司要考虑自己的能力，能拿出多少资金用于自购；另一方面，也要对基金经理的投资能力做一个评估，免得出现公司收取的管理费还不够基金自购亏损的情况。在这种情况下，基金公司或许会重视老基金的认购，而不是一味追求新基金的发行，而这才是基金业发展应有的常态。

12

创投基金反向挂钩政策可再进一步

2020 年 3 月初，证监会修订并发布了《上市公司创业投资基金股东减持股份的特别规定》（以下简称《特别规定》），上交所、深交所同步修订了实施细则，《特别规定》与实施细则均自 2020 年 3 月 31 日起正式实施。

从《特别规定》的内容来看，证监会此番修订是对创业投资基金（以下简称创投基金）反向挂钩政策的进一步完善，为创投基金的减持进行松绑，为解决创投基金"退出难"的问题提供了便利，从而引导创投基金投长、投早、投中小、投科技。

比如，根据《特别规定》，在中国证券投资基金业协会（以下简称基金业协会）备案的创业投资基金，其所投资符合条件的企业上市后，通过证券交易所集中竞价交易减持其持有的发行人首次公开发行前发行的股份，适用下列比例限制：截至发行人首次公开发行上市日，投资期限不满 36 个月的，在 3 个月内减持股份的总数不得超过公司股份总数的 1%；截至发行人首次公开发行上市日，投资期限在 36 个月以上但不满 48 个月的，在 2 个月内减持股份的总数不得超过公司股份总数的 1%；截至发行人首次公开发行上市日，投资期限在 48 个月以上但不满 60 个月的，在 1 个月内减持股份的总数不得超过公司股份总数的 1%；截至发行人首次公开发行上市日，投资期限在 60 个月以上的，减持股份总数不再受比例限制。

而对于通过大宗交易减持的，创投基金投资期限在 60 个月以上的，减持股份总数同样不受减持比例限制。同时，创投基金通过大宗交易进行股份减持的，股份受让方在受让后不受"6 个月内不得转让其受让股份"的限制。

因此，通过上述的减持规定，不论创投基金是通过集中竞价方式减持，还是通过大宗交易方式减持，投资时间越早，上市后的减持套现就越方便，所受限制就越少，投资期限越过5年的，股份减持就没有限制了，这样就有效解决了创投基金"退出难"的问题，进而可以有效地调动创投基金的积极性，从而形成"投资—退出—再投资"的良性循环局面，不仅促进创投基金的发展，同时有利于新兴产业的发展，尤其是科技类公司的发展。很显然，《特别规定》的出台是值得肯定的！

不过，就创投基金反向挂钩政策的松绑来说，不妨向前再进一步，可以将创投基金的减持松绑措施做得更彻底一些。因为《特别规定》对创投基金的松绑是创投基金锁定期期满后的松绑，也就是在企业上市之初，创投基金持股仍然还有一个锁定期的限制，而这个锁定期通常为1年。这就意味着上市前5年的投资期限变成了6年的投资期限，这对于创投基金来说，相当于耽误了1年的时间。

既然是为创投基金松绑，那么在企业上市以后，市场就没有必要再耽误创投基金这1年的时间了。取消对创投基金持股锁定期的限制，允许投资期满5年的创投基金持股，在新股上市首日即可上市流通；同时尊重创投基金的意愿，允许投资期满5年的创投基金，将其持股纳入新股发行份额的范畴，由公众投资者统一认购。这两种方式可供创投基金自由选择。而这种更彻底的松绑方式，显然是对创投基金更好的支持，更有利于调动创投基金的积极性。

而且，这种给创投基金进一步松绑的做法也利于缓解新股上市供求不平衡的矛盾。目前，新股上市，市场投机炒作之风盛行，究其原因在于新股供求不平衡。首发新股流通份额少，而市场需求旺盛，从而导致了市场炒新之风的出现。一只新股上市后，经常有十几个、二十几个涨停板，涨幅可达200%、300%甚至更高。这加大了新股市场的投资风险，最终可能让新股市场一地鸡毛。因此，扩大首发新股份额的供给是抑制市场投机炒作所必须采取的举措。而让投资期满5年的创投基金持股在上市首日即可上市流通，在一定程度上扩大了新股上市首日的流通规模，可以对新股投机炒作起到抑制作用。因此，此举堪称"双赢"。

13

将 A 股市场股票涨跌幅限制统一为 10% 是合适的

在 2022 年全国两会期间，参会的委员、代表争相建言，为中国的发展出谋划策。比如，全国政协委员、中泰金融国际有限公司董事长冯艺东带去了多项提案，其中倍受投资者关注的是《关于统一 A 股市场涨跌幅限制的提案》，建议将 A 股市场非首发期间正常交易股票的涨跌幅限制统一为 10%。

本来 A 股市场正常交易股票的涨跌幅曾经都是 10% 的限制。不过，科创板自开市以来，实行的就是 20% 的涨跌幅限制，从而使 A 股市场股票交易的涨跌幅限制出现了不一致的局面。自 2020 年 8 月 24 日起，随着创业板注册制改革的实施，创业板股票的涨跌幅也放宽到了 20%。如此一来，科创板、创业板股票实行 20% 的涨跌幅限制，而沪深主板市场的股票实行 10% 的限制，以致 A 股市场的股票交易存在不同涨跌幅限制的情况。北交所股票的涨跌幅限制更是达到了 30%。

正是基于 A 股市场股票交易涨跌幅限制不统一的现状，冯艺东提出统一 A 股市场涨跌幅限制的提案，这一提案很有必要。因为，股票交易涨跌幅限制的不统一会给股票投资者带来不便。因为涨跌幅限制不一样，投资者的风控管理也不一样，由此带来的操作也不一样。比如，在牛市的时候，投资者更愿意买进涨跌幅限制大的股票，因为股票上涨的可能性更大。相反，在下跌时，或在重大利空袭来的时候，投资者会回避下跌空间大的股票。因此，为了不给投资者增加不必要的麻烦，方便投资，A 股市场有必要将股票交易的涨跌幅限制予以统一。

将 A 股市场股票交易的涨跌幅限制予以统一也是可行的。科创板与创业板之所以实行 20% 的涨跌幅限制，是因为科创板与创业板进行了注册制改革。

但实际上，股票交易涨跌幅限制属于股票交易制度范畴，与注册制改革并无必然关系。因为 A 股市场所指的注册制，全称是股票发行注册制，是一种股票发行制度。股票发行制度的改革与股票交易制度的改革不是一回事，股票发行注册制，既可以实行 10% 的涨跌幅限制，也可以实行 20%，甚至 30% 的涨跌幅限制，并没有硬性的规定。因此，实行注册制的科创板、创业板的股票交易涨跌幅限制是可以与沪深主板股票交易的涨跌幅限制保持一致的。

尤其重要的一点是，2022 年 A 股市场也要全面实行注册制。在 2022 年 1 月 17 日召开的证监会系统工作会议上，证监会已明确提出全面注册制将成为 2022 年的改革重要主线。而在 2022 年的全国两会上，《政府工作报告》也对中国资本市场提出了全面实行股票发行注册制，促进资本市场平稳健康发展的要求。因此，沪深主板市场在 2022 年实行注册制已是大势所趋。如此一来，整个 A 股市场的股票交易涨跌幅限制就更应该保持统一了。

那么，整个 A 股市场股票交易涨跌幅的限制统一在多少更合理呢？冯艺东建议统一为 10%。按照科创板、创业板的注册制试点，股票交易的涨跌幅限制都是 20%。如此一来，沪深主板实行注册制之后，股票交易的涨跌幅限制也应该是 20%，即整个 A 股市场的涨跌幅限制统一为 20%，但这显然并不合适。毕竟 A 股市场总体上并不成熟，而且以个人投资者为主，个人投资者承担风险的能力相对较弱。在这样的市场环境下，实行 20% 的涨跌幅限制容易助长市场投机炒作之风，放大市场的投资风险。如 20% 的涨跌幅限制，股票一天的最大涨幅可以达到 50%，最大跌幅可以达到 33.33%，这个波动还是很大的，其对应的风险也是较大的。因此，A 股市场股票交易的涨跌幅限制不宜统一为 20%，而应统一为 10%。

并且，如果将股票交易的涨跌幅限制统一为 20%，也会让很多投资者难以适应。目前，科创板、创业板的涨跌幅限制是 20%，沪深主板是 10%，一些投资者基于回避风险的需要，选择远离科创板、创业板的股票交易，而潜心于沪深主板市场的股票交易。这样的投资者在目前的 A 股市场为数不少。如果整个 A 股市场的涨跌幅限制统一为 20%，那么这些投资者就无所适从了。正因如此，为了满足更多投资者防范风险的需要，A 股市场股票交易涨跌幅限制统一为 10% 为宜。

14

新规取消境外机构投资者额度限制，
对 A 股市场的影响有多大？

2020 年 5 月 7 日，中国人民银行、国家外汇管理局发布《境外机构投资者境内证券期货投资资金管理规定》（以下简称《规定》），明确并简化境外机构投资者境内证券期货投资资金管理要求，进一步便利境外投资者参与我国金融市场。《规定》一经发布就受到市场的极大关注，一些投资者及市场人士甚至将《规定》视为 A 股市场的重大利好，视为推动 A 股市场走牛的重要因素。

一些投资者及市场人士为什么对《规定》寄予如此高的厚望？或许可以从一些媒体报道中找到答案，如《央行：取消境外机构投资者额度限制》。取消境外机构投资者的额度限制后，大量的外资就可以源源不断地流向 A 股市场了。这当然是 A 股市场的重大利好，A 股因此走牛也是可以期待的。

但这显然是对《规定》的误读。应该说，《规定》确实涉及取消境外机构投资者额度限制的内容，但取消境外机构投资者额度限制不是新规定。实际上，早在 2019 年 9 月 10 日，国家外汇管理局就做出了这一决定：取消合格境外机构投资者（QFII）和人民币合格境外机构投资者（RQFII）投资额度限制，不仅取消 QFII 和 RQFII 投资总额度限制，同时还取消单家境外机构投资者额度备案和审批，取消 RQFII 试点国家和地区限制。因此，取消境外机构投资者额度限制并不是《规定》做出的新规定，而是一个旧闻了，谈不上是新的重大利好。或许是一些投资者及市场人士健忘，把曾经的规定遗忘了，以至于又炒了一次"剩饭"。

当然，《规定》对于 A 股市场还是有一定的积极意义的。因为就《规定》的主要内容来看，一是落实取消合格境外机构投资者和人民币合格境外机构投资者（以下简称合格投资者）境内证券投资额度管理要求，对合格投资者跨境资金汇出入和兑换实行登记管理。二是大幅简化合格投资者境内证券投资收益汇出手续，取消中国注册会计师出具的投资收益专项审计报告和税务备案表等材料要求，改以完税承诺函替代。三是取消托管人数量限制，允许单家合格投资者委托多家境内托管人，并实施主报告人制度。

就上述内容来看，除落实取消境外机构投资者额度限制的要求，就是简化合格投资者境内证券投资收益汇出手续以及取消托管人数量限制，这对于境外机构投资者来说是有一定吸引力的。因此，《规定》对吸引境外机构投资者进入 A 股市场可以起到积极作用，故而在一定程度上也构成 A 股市场的一则利好，但这种利好的影响对于 A 股市场来说还是较为有限的。

尽管取消境外机构投资者额度限制并不是《规定》做出的新规定，但《规定》要落实取消境外机构投资者额度限制的要求，对于 A 股市场来说终归是一件好事。那么，这是否意味着境外机构投资者的资金就会蜂拥流向 A 股市场呢？情况显然并非如此。

首先，自 2019 年 9 月 10 日国家外汇管理局取消境外机构投资者额度限制以来，虽然确有外资流向 A 股市场，但这种流向还是比较正常的，并没有出现异常现象，而且在流入的同时也有外资流出，不存在蜂拥而至的情形。

其次，境外机构对资金的使用都是有计划的，比如，对于某年准备投向 A 股市场的资金会提前做出安排。而不像个人投资者在资金的使用上有很大的随意性，甚至不排除把所有鸡蛋装在同一个篮子里的情况。因此，A 股市场取消境外机构投资者额度限制，是在对外开放的背景下，管理层应该做的一件事情，但境外机构投资者的资金会不会大量流向 A 股市场，是境外机构投资者全面权衡的结果。

最后，也是至关重要的一点，A 股市场对境外机构投资者的吸引力到底有多大。毕竟 A 股市场是一个缺少必要投资回报的市场，上市公司的总体质量不高，投资者利益得不到充分有效的保护，违法违规行为也没有得到有效的惩治。可以说，A 股市场已成为国内投资者的"伤心地"。这样一个让国内投资者伤痕累累的 A 股市场，又如何能够对境外投资者产生吸引力呢？有人说，A 股市场市盈率低，但与港股相比，与日本、韩国股市相比，A 股市场很难有估值优势可言。

因此，对于 A 股市场来说，取消境外机构投资者额度限制固然可以吸引境外机构投资者，但更重要的是，要提高 A 股市场本身的吸引力，增加 A 股市场给予投资者的回报。毕竟资本是逐利的，资本需要回报。所以，在这个问题上，A 股市场不能本末倒置。

15

首家外资独资券商是证券业对外开放的里程碑

2020 年 12 月 8 日,高盛正式启动收购合资公司高盛高华 100% 股权的程序。这意味着高盛高华或成为中国首家外资独资券商。而在收购前,高盛持有高盛高华 51% 的股权,是高盛高华的控股股东。

高盛收购高盛高华 100% 股权,是外资独资券商在中国市场上实现从无到有发展的一个标志。对于中国证券业来说,这是一起对外开放的标志性事件,也是一起里程碑事件。虽然中国证券业发展的时间不长,但由于中国证券业本身是改革的产物,同时恰逢中国处在一个改革开放的时代,所以对外开放一直是中国证券业发展壮大的一项重要举措。而且随着对外开放步伐的加快,证券业的开放也经历了由引进外资到引进外资券商的阶段。

从引进外资券商的进程来看,国内证券业经历了从外资参股到外资控股再到外资独资三个阶段。比如,允许外资独资的政策是 2020 年 3 月 13 日宣布并自 2020 年 4 月 1 日起实行的,相关政策规定,自 2020 年 4 月 1 日起取消证券公司外资股比限制,符合条件的境外投资者可根据法律法规、证监会有关规定和相关服务指南的要求,依法提交设立证券公司或变更公司实际控制人的申请。

高盛显然是中国证券业对外开放的亲历者。高盛此次收购 100% 股权的高盛高华,是 2004 年成立的,它是高盛与 2004 年成立的北京高华证券有限责任公司的合资企业。2018 年 4 月 28 日,证监会正式发布《外商投资证券公司管理办法》,规定外资可由参股转为控股。2020 年 3 月,证监会正式核准高盛控股高盛高华(占股权 51%),高盛高华变成了高盛的控股子公司。而在 4 月

1 日取消证券公司外资股比限制的政策实行后，又有了 12 月 8 日，高盛收购高盛高华 100% 股权之举，这或是中国证券业首家外资独资券商。

高盛收购高盛高华 100% 股权之所以是一起里程碑事件，除这起收购案或诞生首家外资独资券商之外，还与高盛在国际市场上的影响力有着很大的关系。高盛不仅亲历了 30 多年来中国资本市场对外开放的历程，而且是一家国际领先的投资银行，向全球提供广泛的投资、咨询和金融服务，拥有大量的多行业客户，包括私营公司、金融企业、政府机构以及个人。高盛成立于 1869 年，是全世界历史最悠久及规模最大的投资银行之一，总部位于纽约，并在东京、伦敦和香港设有分部，在 23 个国家和地区拥有 41 个办事处。

正是因为高盛在行业乃至全球的影响力，高盛收购高盛高华之举，才会在业内起到表率带头作用，相信在高盛之后，会有更多的外资券商来中国市场收购或开设属于自己的独资券商或控股券商。截至 2020 年 12 月，国内外资控股券商数量为 8 家，其中 4 家为新设立合资券商，另外 4 家是外资股东通过提升持股比例获得控股权的。

高盛收购高盛高华 100% 股权之举对于中国证券业的发展来说是有积极意义的。外资券商的进入有利于加剧中国证券业的竞争，让中国证券业做大做强，从而真正诞生中国的航母级券商。毕竟只有与强手交锋，才会发现自身的不足，才能进一步提高自己。从目前国内证券业的发展现状来看，国内券商显然需要更多与强手交锋的机会。

当前国内证券业基本呈现出一种"窝里横"的格局。表面上看，证券业做得挺大，甚至还挺赚钱，但国内证券业的发展始终没有摆脱"靠天吃饭"的局面，一方面靠行情吃饭，另一方面靠政策吃饭。比如，2020 年股市行情不错，IPO 更是牛气冲天，于是券商的日子也过得红红火火，表现出一派繁荣的景象。但就竞争力来说，根本无从谈起。以投行业务为例，就算 IPO 大丰收，但有几家券商保荐过一家赴美上市的企业呢？就是赴港股市场上市的项目也为数不多吧？所以，要做强国内券商，就迫切需要更多高盛这样的竞争对手来帮国内券商"练练手"，哪怕在高盛这样的竞争对手面前撞得头破血流，那也总比在未来的市场竞争中丢了性命要好。

16

南下资金抢夺港股定价权是伪命题

2021 年年初，港股走出持续上扬的走势。而在港股上涨的背后，是南下资金的大幅流入。数据显示，自 2021 年开年至 2021 年 1 月 22 日，南下资金已累计净流入 2312.11 亿港元（1933.63 亿元），接近 2020 年全年净流入金额（6721.25 亿港元）的 1/3。其中 1 月 18 日、19 日、20 日的规模超过 200 亿港元。

正是因为南下资金的加速流入，国内券商围绕港股定价权的抢夺话题争吵起来。2021 年 1 月 19 日，国盛证券发布题为《南下资金改变港股》的研报，认为南下资金规模已超北上资金，未来南下资金将重现过去数年北上资金影响 A 股市场的历程，抢夺港股定价权，并成为左右港股市场表现的决定性力量。而 1 月 22 日，开源证券发布题为《南下资金难夺"定价权"》的研究报告，认为南下资金涌入港股如果要重夺定价权，需要面对当下数倍于自身持仓且观点有分歧的海外机构投资者，难以以少胜多。

两家券商隔空争吵当然也是为了炒作。港股定价权的争夺，其实是一个伪命题。毕竟港股市场不是 A 股市场，它是一个国际化的市场，国内资金没有必要抢夺下港股的定价权，把港股市场变成又一个 A 股市场。国内资金可以成为港股市场的一支重要力量，甚至可以拥有局部的定价权，比如 H 股公司的定价权，但没有必要争夺整个港股的定价权，实际上，国内资金也争夺不了整个港股的定价权。

就南下资金规模超北上资金来说，这种情况的出现并非始于现在。实际上这种情况自沪港通、深港通开启以来就一直存在。虽然开通沪港通、深港通的目的之一是希望为 A 股市场引入国际市场资金，但由于 A 股市场估值偏高，港股市场估值偏低，所以结果是水往低处流。虽然国内一些媒体一直都在宣传北上资金的流入情况，但实际结果是北上资金与南下资金对冲后，最终表现为南下资金净流入，即 A 股市场的资金流向了港股市场。

统计数据显示，截至 2021 年 1 月 22 日，北上资金历史净买入为 1.25 万亿元，南下资金历史净买入为 1.96 万亿元，二者相对冲之后，南下资金历史净买入为 7100 亿元。也就是内地市场的资金有 7100 亿元流向了港股市场。因此，南下资金规模一直都是超过北上资金的，我们不能因为眼前南下资金规模超过北上资金就认为南下资金在抢夺港股定价权。

而且，尽管国内市场有大量资金流向了港股市场，但要争夺港股的定价权显然还是力不从心的。2021 年 1 月，港股的市值超过 50 万亿港元，也就是超过 40 万亿元。在扣除北上资金规模后，南下资金历史净流入也只有 7100 亿元，不足 1 万亿元，要争夺总市值超过 40 万亿元的港股市场的定价权，有点儿不自量力。

并且，争夺港股定价权对于国内资金来说并不是一件好事，甚至还是一种"博傻"的做法。对于很多上市公司来说，股票上市后，定价权其实并没有那么重要。投资者投资的目的无非就是获得投资收益，并不看重定价权。如果国内资金真的那么在乎定价权，反倒是香港市场上的那些投资者，包括国际投资者都喜闻乐见的。当国内资金真的为了争夺定价权而把股价拉到高位的时候，那些国际投资者会很乐意把筹码都高价派发给国内资金。结果国内资金都成了"接盘侠"。这显然是一种傻瓜行为。尤其重要的是，香港股市缺少散户投资者，国内资金成了"接盘侠"以后，还能把股票派发给谁呢？大概只能砸在自己手里吧。这种傻事有人做吗？

所以，抢夺港股定价权的言论实际上是一种傻瓜言论，也是一种忽悠言论。其实内地投资者完全没有必要去争夺港股定价权，也争夺不了港股定价权。作为投资者，投资港股就是基于获利的需要，定价权的事情不是投资者该考虑的。毕竟港股是一个国际化的市场，市场上充斥着一些实力强大的国际投资者，因此，港股的定价权是各方力量角逐的结果，不是国内资金可以说了算的。国内资金更熟悉的还是国内公司，所以投资的重点是 H 股公司，能够修复低估的 H 股估值就足够了。

17

血洗华尔街的美国散户其实只是"疯狂的韭菜"

2021 年年初，美国投资者血洗华尔街的一幕让全球投资者格外关注。美国散户与美国做空机构主要在游戏驿站和 AMC 院线两只股票上掀起多空大战，结果美国散户"完爆"空头机构。如仅梅尔文资本一家 1 月就亏损了53%。而著名空头机构香橼资本则在 2021 年 1 月 29 日举起白旗，发表声明称，停止做空研究，将专注于个人投资者做多机会。

美国散户割了机构投资者的"韭菜"，这是资本市场的一个奇迹。不过，这个奇迹只是昙花一现，并没有持续太久，因为游戏驿站的股价并没有像美国散户预期的那样，向 1000 美元进发，而是差不多回到了起点。如 2021 年 2月 2 日，游戏驿站的股价跌破了 100 美元，当天以 90 美元报收，最低价为74.22 美元，较 1 月 28 日的最高价 483 美元，短短 4 个交易日，股价暴跌了84.63%。做多的美国散户同样损失惨重，如果是采取杠杆交易的话，同样会被逼到爆仓的境地。可以说，在游戏驿站股票上做空的机构，又反过头来割了美国散户的"韭菜"，而且是"疯狂的韭菜"。

美国散户任性地、疯狂地硬是将一家濒临破产的游戏公司的股票价格，从之前的不到 10 美元炒到了 483 美元之高，而这一切，基于与空头机构的搏杀。

但在这场与空头机构的搏杀中，美国散户注定是最后的失败者。因为他们对游戏驿站股票的炒作是任性的。对于空头机构来说，做空游戏驿站显然是有充分的理由的。毕竟游戏驿站作为一家线下游戏实体店，业绩堪忧，一方面是线上游戏带来的冲击，另一方面是新冠肺炎疫情带来的冲击。所以游戏驿站公司的发展举步维艰，处于破产的边缘，股票是一只典型的垃圾股。

而就是这样一只垃圾股，进入 2021 年之后被美国的散户推高到 40 美元的价位。于是，这只股票就被华尔街的空头机构盯上了，大空头香橼资本扬言，这样的垃圾股票，最多只值 20 美元。于是空头机构开始对游戏驿站进行做空，结果遭到了美国散户的疯狂抵抗，甚至被美国散户反杀，从而导致美国散户血洗华尔街一幕的出现。

但游戏驿站的业绩与基本面终究支撑不了被美国散户炒高的股价。所以，游戏驿站的股价回归其价值是不可避免的。尤其是，当游戏驿站被推上了风口浪尖之后，这家公司的家底也就被扒了个精光，如此一来，即便是炒作这种公司股票的美国散户也会失去信心，谁还敢将自己的资金往里砸。出逃恐怕是众多美国散户的选择，而在出逃的过程中，难免发生踩踏事件，以致散户割散户的"韭菜"。而做空机构则可以坐收渔翁之利。

因此，在游戏驿站股票上，美国散户的败走麦城几乎是不可避免的。选择这样一只垃圾股，任性地与空头机构掀起一场多空大战，虽然可以赢得一时，但其长远的失败一开始就注定了。从游戏驿站股价的走势来看，这个失败几乎在转眼之间。

实际上，在这场美国散户与空头机构的对决中，美国散户更像是扮演了炮灰的角色，表面上出尽风头，但实际上只是别人的棋子而已。真正的赢家是散户背后的机构投资者或利益人。在这场多空搏杀中，一些美国的机构投资者躲在背后浑水摸鱼。一方面，他们助力美国散户打败空头机构，毕竟美国的空头机构在平时也没少做"坏事"，与不少上市公司和机构投资者"有仇"。所以，这一次，这些机构投资者借散户之手，灭灭这些空头机构的威风，甚至将这些空头机构打"爆"。如果单纯依靠散户的力量，要打"爆"空头机构，几乎是不可能的事情。如在这场多空大战中，特斯拉的老板马斯克就积极声援美国散户炮轰空头机构，称"做空就是一场骗局"，这鼓舞了美国散户的士气。另一方面，这些隐藏在散户背后的美国机构投资者或利益人，在借散户之手打"爆"美国空头机构后，自己反手做空，将自己之前买进的股票筹码派发给散户，甚至加入做空的行列，割散户的"韭菜"。所以，美国散户其实是被其背后的机构投资者或利益人利用了，当了炮灰，又被割了"韭菜"。

18

股神巴菲特犯错说明了什么？

按照惯例，巴菲特旗下的伯克希尔·哈撒韦公司的股东大会每年都在 5 月的第一个星期六举行，2020 年同样不例外。虽然受到疫情的影响，投资者不能现场参加伯克希尔·哈撒韦的股东大会，但伯克希尔·哈撒韦股东大会以线上的方式向全球投资者进行直播，仍然受到全球投资者的广泛关注。

这是伯克希尔·哈撒韦股东大会首次在线上举行。在股东大会开始之前，伯克希尔·哈撒韦公布了一季度财报。财报显示，伯克希尔·哈撒韦 2020 年一季度净亏损 497.46 亿美元，创历史纪录，投资亏损 545 亿美元，同时账面现金达到了创纪录的 1373 亿美元。正是基于一季度财报的大幅亏损，所以在股东大会上，巴菲特承认抄底航空股犯了错，同时也承认在投资西方石油上，判断错了油价的走向。

公开承认自己犯错，让我们看到了巴菲特对待投资者真诚的一面。这是值得 A 股市场上很多上市公司学习的。因为在 A 股市场上，很多上市公司在出了错的时候，很少有承认自己错了的，总是把责任往外推，就像这次新冠肺炎疫情中一些国家的领导人"甩锅"一样。所以巴菲特认错的做法是值得肯定的。

实际上，巴菲特也可以"甩锅"。虽然抄底航空股出现了错误，但这完全可以归结到疫情的头上。毕竟这次新冠肺炎疫情带给全世界的冲击太大，航空业更是首当其冲。而这种情况的出现，正如 2020 年 3 月巴菲特所谈到的那样："我活了 89 年，第一次遇到这种情况。"尽管如此，巴菲特还是公开承认错误，这种诚实的态度值得投资者称赞。

那么，巴菲特犯错说明了什么呢？说明人犯错其实是难免的，巴菲特也不例外。虽然我们称巴菲特为"股神"，但巴菲特终究是人不是神。尤其是面对疫情这种不可预知的事件时，人犯错就更加不可避免了。

关键是犯错后如何对待错误。面对错误，有人是死鸭子嘴硬，始终不承认错误，更不改正错误，死硬到底。而巴菲特的做法则是承认错误，并及时改正错误。比如，巴菲特不只是在股东大会上公开认错，而且在实际投资中还及时清仓航空股，退出了在美国四大航空公司的投资。这也说明了巴菲特改正错误的彻底性。正如他解释的那样：当我们出售某个股票时，往往是我们持有的全部股份，而不是减持仓位。巴菲特的这种做法用专业术语来说就是止损，这种止损的做法是值得广大投资者学习与借鉴的。因为面对投资错误与投资亏损，很多投资者举棋不定、优柔寡断，以至于将自己的投资亏损不断扩大，一错再错。

而且，尽管巴菲特在投资中犯了错，但从大的方面来说，巴菲特尽可能规避错误。因为巴菲特把大量的现金拿在了手上。比如，公司一季度的账面现金达到了创纪录的1373亿美元，而且4月净卖出60亿美元股票，这样公司账面现金超过1430亿美元，接近万亿元。这就使巴菲特在面对美股的波动时，始终占据着主动的位置。尤其是疫情来袭时，现金为王更是硬道理。

不过，持有近万亿元的资金，让投资者感到很大的压力，很容易让人理解为巴菲特不看好后市，但巴菲特明确提醒投资者，不要下错赌注，巴菲特仍对美国经济持乐观态度。

尽管巴菲特旗下的公司持有近万亿元现金，但是不看空美国经济，而是等待合适的买进时机。这体现了巴菲特的价值投资理念，在原则性的问题上，巴菲特显然没有犯错。

19

全球头号对冲基金为何增持阿里巴巴？

2020 年 8 月 13 日，全球头号对冲基金桥水基金向美国证监会（SEC）提交了其二季度的持仓报告。持仓报告显示，桥水基金二季度末美股持仓市值为 59.61 亿美元，较一季度的 50.40 亿美元有所增加。

桥水基金二季度的持仓报告有一个很大的亮点，那就是大幅加仓中国。一方面，桥水基金二季度继续加仓两只中国 ETF——安硕中国大盘 ETF 和安硕 MSCI 中国指数 ETF，分别加仓 717%、486%。加仓后，桥水基金持有安硕中国大盘 ETF 1.90 亿美元、安硕 MSCI 中国指数 ETF 1.50 亿美元，二者分别跻身桥水基金前十大持仓中的第 7 位和第 8 位。另一方面，桥水基金大举买入阿里巴巴股票，二季度桥水基金加仓阿里巴巴幅度达 241%，加仓后持有市值为 2.05 亿美元，阿里巴巴跻身桥水基金美股第 6 大重仓股。一直以来，桥水基金前十大重仓股都由 ETF 霸占，这次将个股调至前十大重仓股实属罕见。

除了阿里巴巴，桥水基金还加仓了蔚来汽车、中通快递、腾讯音乐、微博、拼多多、京东、网易、百度和好未来教育集团等中概股，其中对蔚来汽车的加仓幅度达到 1029%。不过，桥水基金对这些中概股的绝对加仓金额不是太大，如对蔚来汽车的持股市值只有 660 万美元，与阿里巴巴的不在一个级别上。尽管如此，加仓以阿里巴巴为代表的中概股，是桥水基金二季度投资的一个亮点。

桥水基金为什么要大举加仓以阿里巴巴为代表的中概股呢？或者说桥水基金增持阿里巴巴等中概股说明了什么呢？我认为，桥水基金的这一做法表明其看好中国经济的发展，可以说，桥水基金用加仓中概股的方式对中国经济投出了自己的信任票。

2020 年的全球经济可以称为"疫情经济"，全球经济的发展被新冠肺炎疫情的阴霾笼罩。中国虽然是最早受疫情影响的国家，但也是最早控制住疫情的国家，从 2020 年 3 月开始，中国社会经济生活就逐步走向正常。反观美国，疫情从 3 月开始传播并失控，直到 8 月仍然没有得到有效控制。基于铁的事实，桥水基金对中国经济投出信任票是很明智的选择。

中国经济的发展也确实没有辜负桥水基金的信任。2020 年第二季度，在美国 GDP（国内生产总值）大幅下降 32.9%、创下自 1947 年美国政府开始跟踪该数据以来最大跌幅的情况下，中国第二季度的 GDP 同比增长 3.2%，成功地实现由负到正的增长，中国也成为全球主要经济体中第一个自疫情以来实现正增长的国家。因此，桥水基金在二季度加仓中国是一个正确的决定。

不仅如此，桥水基金在二季度重点加仓的阿里巴巴也给桥水基金带来了丰厚的投资回报。截至 2020 年 8 月 12 日（桥水基金提交持仓报告前一交易日），阿里巴巴自 5 月以来的涨幅超过 30%，股价从 194.48 美元上涨到 255.19 美元，这是给予桥水基金最好的回报。

当然，桥水基金大幅增持阿里巴巴等中概股也向我们透露了一个重要信息，那就是优秀的中概股在美国股市是受资本推崇的。毕竟桥水基金这次大幅加仓中国的背景非常特殊，是在瑞幸咖啡财务造假丑闻曝光后，美国证监会主席杰伊·克莱顿直接发文提醒投资者不要将资金投入在美国上市的中国公司股票的背景下进行的，而在此之后，各种来自美国官方的不利于中概股的消息也接连不断，但桥水基金并没有受此影响，坚持大幅增持阿里巴巴等中国公司股票。此举表明，在对待中概股的问题上，美国资本是有其独立立场的，只要中国公司本身过硬，美国资本还是欢迎中国公司在美上市的，并愿意持有中国公司股票。

实际上，正是桥水基金对阿里巴巴等中概股的大幅增持，让人们看到了中概股在美国市场坚持下去的市场基础。由于非市场因素的影响，中概股在美国市场受到了不公正的对待，但正是因为有桥水基金这样的美国投资机构，中概股在美国市场生存下去还是有可能的。正如搜狐 CEO 张朝阳表示的那样，搜狐不会从美国市场退市，希望在纳斯达克"好好待着"。相信不少中概股也会像搜狐这样，在美国股市"好好待着"。

20

港交所提高上市门槛，给 A 股市场哪些启示？

2020 年 11 月 27 日，港交所再次挥刀改革，决定提高企业上市的盈利门槛。根据港交所的建议，将盈利规定按市值规定于 2018 年的增幅百分比调高 150%，或按恒生指数平均收报点数（由 1994 年至 2019 年）的概约增幅调高 200%。

具体来说，对应的盈利要求有两种方案：其一，最近 1 个财政年度须不低于 5000 万港元，且最近 2 个财政年度累计须不低于 7500 万港元；其二，最近 1 个财政年度须不低于 6000 万港元，且最近 2 个财政年度累计须不低于 9000 万港元。两个标准最终经咨询后确定，该咨询文件的咨询期限为 2 个月。

经过此番改革之后，港股上市门槛提高到了最近 2 个财政年度股东应占盈利累计不低于 7500 万港元这条红线之上。而就目前来说，港股上市的门槛是最近 1 个财政年度股东应占盈利须不低于 2000 万港元，且最近 2 个财政年度累计须不低于 3000 万港元。也就是说，新版的盈利要求比旧版本翻倍还多。可见，这一次港交所对企业上市的盈利要求确实是大幅度提高了。

由于港股与内地市场的联系越来越密切，所以，港交所的这一改革举措受到内地市场的广泛关注，毕竟香港市场是内地企业上市的主要市场之一，提高企业上市门槛，对内地企业赴港上市的影响较大。正因如此，港交所的这一举措也让不少内地人士产生了困惑。因为在两年半之前，也就是 2018 年 4 月，港交所进行过一次 IPO 改革，当时推出三大改革措施：允许未能通过主板财务资格测试的生物科技公司上市；允许"同股不同权"的公司上市；为寻求在香港做第二上市的中资及国际公司设立新的第二上市渠道。此举被认为鼓励企业赴港上市的重大信号，为何如今却要大幅提高上市门槛呢？

实际上，港交所这两次 IPO 制度改革并不矛盾。此次提高企业上市门槛，主要是为了提高上市公司质量。新上市公司的盈利水平大幅提高，上市公司的质量自然就有了保证。而前一次 IPO 改革，则是对创新型企业以及新经济类公司的支持，这二者之间并不矛盾。比如，在本次 IPO 改革得以实施的背景下，生物科技公司在财务指标未达标甚至是未盈利的情况下，仍然可以按前一次 IPO 改革的措施发股上市。

港交所的这次改革对当下的 A 股市场显然是有启示意义的，甚至可以认为是 A 股市场注册制改革的有益探索。毕竟，目前的 A 股市场正在进行注册制试点改革，其中，科创板、创业板的注册制试点改革都已铺开，整个 A 股市场的注册制改革也在积极的准备过程中。在注册制下，A 股市场如何提高上市公司的质量是一个需要直面的现实问题。毕竟实行注册制，企业上市的条件放宽了，甚至降低了，包括允许亏损企业发股上市，因此，在很多投资者看来，注册制降低了企业上市门槛，进而降低了上市公司质量。而从新股发行环节来看，也确实有人希望通过注册制来降低上市门槛，让更多平庸的企业上市融资。

港交所提高企业上市门槛的做法对于 A 股市场来说无疑具有借鉴意义，也为落实《国务院关于进一步提高上市公司质量的意见》起到了示范作用。因为港股实行的就是注册制，而从港交所的做法来看，注册制并不是一味降低企业的上市门槛，满足企业融资的需求，注册制同样可以大幅提高企业的上市门槛，以此来提高上市公司的质量。如果只是一味地降低企业上市门槛，那么，《国务院关于进一步提高上市公司质量的意见》如何能够得到落实呢？该意见明确表示支持优质企业上市，也只有提高企业上市门槛，才能保证上市的企业中有更多的优质企业。

因此，港交所这两次 IPO 制度改革，向 A 股市场完整地揭示了注册制的精髓。一方面，注册制要服务于创新型企业和新经济类公司的发展，于是有了港交所 2018 年 4 月的那次 IPO 新规的出台。另一方面，注册制也要重视提高上市公司质量，于是有了这一次 IPO 改革，即将企业上市的盈利门槛提高到最近 2 个财政年度股东应占盈利累计不低于 7500 万港元。港交所的这种改革，对于正在准备全面推行注册制的 A 股市场来说显然是有借鉴意义的。

21

IPO 高速发行，投资者还须理性对待

　　据贝壳财经的统计数据，截至 2020 年 9 月 17 日，A 股市场当年 IPO 数量已达 262 家，创近 3 年新高，与被称为"IPO 大跃进"的 2017 年相比只差 176 家。不过，按 7 月后的新股发行速度，如 2020 年 8 月 A 股市场 IPO 数量达到 59 家，2020 年 IPO 总量创近 10 年新高问题不大。而且，2020 年 IPO 金额实际上已经创出了近 10 年的新高，截至 2020 年 8 月底就已经超过了 3000 亿元。面对 IPO 的喜人局面，上交所在 9 月 18 日迫不及待地宣布，2020 年上海股票市场筹资额位居全球第一位。

　　A 股市场 IPO 金额创出近 10 年新高，IPO 数量也有望创近 10 年新高，其实是意料之中的事情。毕竟在科创板、创业板先后实行注册制的背景下，A 股市场的新股发行力度明显加大，这实际上也是注册制改革的目标之一。A 股市场大力推行注册制改革，其目的之一就是让更多的企业以更快捷的方式上市融资，以更好地服务实体经济的发展。所以，在新股发行方面，A 股市场创造出一个又一个奇迹也是很正常的，这也是管理层所乐意看到的。

　　而对于投资者来说，则需要理性对待 A 股市场的新股高速发行。毕竟在管理层坚持新股发行常态化的背景下，面对一家家企业的强烈的上市要求，IPO 的闸门显然是不会轻易关上的。尤其是管理层积极推进注册制改革后，就更不会关上 IPO 的闸门了，相反，还会进一步加速 IPO 的步伐。因此，高速 IPO 将会在很长一个时期内伴随着 A 股市场。在这种情况下，市场要有一颗包容之心，接受 IPO 的高速发行，同时理性对待 IPO 的高速发行。

　　理性对待 IPO 的高速发行，首先就是要接受 IPO 高速发行这个事实，理

性看待市场行情的发展变化，尤其是要理性对待市场上的"牛市论"。作为投资者，我们都希望行情走牛，尤其是 A 股市场，中小投资者通常只有做多才能赚钱，所以中小投资者对牛市有着更强烈的期待。但是在 IPO 高速发行的背景下，牛市能不能到来，能不能长期伴随着 A 股市场，值得深思。毕竟，新股高速发行不仅从市场上抽走了大量的资金，更重要的是还给 A 股市场带来了大量的限售股，而这些限售股随后的解禁套现，又将从市场上抽走更多的资金。因此，在 IPO 高速发行的背景下，A 股市场会不会长期上涨，会不会有长牛伴随，是需要投资者理性分析的。

其次，面对 IPO 高速发行，投资者需要理性"打新"。IPO 的高速发行使新股不再是稀缺资源，新股破发在所难免，新股上市首日破发也许会很快到来。所以，面对滚滚而来的新股发行潮，投资者"打新"时一定要保持理性，对于超高价发行的新股、高市盈率发行的新股以及公司质量平庸的新股，投资者尽量不要参与"打新"，这是投资者自我保护的需要，可以避免中签亏损的尴尬局面。

再次，面对 IPO 高速发行，投资者需要理性对待新股上市后的投机炒作。毕竟 A 股市场有炒新的习惯，一只新股上市，市场总少不了对其投机炒作一番。而在科创板与创业板，由于新股上市放开了涨跌幅的限制，新股上市首日的炒作更加疯狂，甚至出现了上涨 30 倍的股票。但在新股不断上市的情况下，炒作新股的热情是很难持久的，所以，投资者炒新一定要理性，见好就收。尤其是对待科创板、创业板的新股，投资者炒新时更要格外谨慎。

最后，面对 IPO 的高速发行，投资者需要远离没有人气的老股。虽然股市里有一句老话——"人弃我取"，但目前 A 股市场的上市公司数量已经超过 4000 家，一批老股被边缘化是不可避免的，而 IPO 的高速发行将会进一步加快老股被边缘化的进程。从来只有新人笑，有谁听到旧人哭。所以，投资者需要远离那些没有人气的老股，在 IPO 高速发行的背景下，那些没有人气的老股难逃被市场抛弃的命运。

22

创业板注册制下，投资者需要注意什么？

根据深交所安排，2020 年 8 月 24 日创业板注册制正式实施。当天将有"十八罗汉"首发上市，同时在创业板挂牌交易的 800 多只股票也将适用创业板注册制改革的新规则。

在创业板注册制改革的新规则中，最受市场关注的莫过于两大规则：一是新股前 5 个交易日不设涨跌幅限制，根据创业板交易特别规定，创业板注册制下，新上市股票前 5 个交易日不设涨跌幅限制，之后涨跌幅限制比例从目前的 10% 调整为 20%；二是所有股票涨跌幅限制比例变为 20%，这也意味着从 2020 年 8 月 24 日起，所有存量的创业板股票涨跌幅限制比例也全部由 10% 变为 20%。

两大规则的改变涉及投资者的切身利益，所以投资者需要对此高度重视。那么，在创业板注册制带来市场规则改变的情况下，投资者需要注意哪些问题呢？至少有以下三个方面的问题是投资者需要特别关注的。其中包括两大规则改变带来的两大问题以及发行制度变化带来的一大问题。

首先，新股申购有风险，投资者需要谨慎"打新"，尤其是在行情低迷的情况下，投资者"打新"尤其需要慎重。在新股上市实行审批制的情况下，新股发行市盈率基本上被管理层控制在了 23 倍以下，这就为新股上市后的炒作预留了一定的空间，也导致了"新股不败"现象的出现。所以，在审批制下，投资者"打新"基本上是安全的，这就形成了投资者"逢新必打"的做法，不论是什么新股发行，投资者都会积极申购。

但这种"打新"的做法在注册制下显然是存在风险的。因为注册制下的新股发行是市场化的发行，新股发行市盈率是不受控制的，新股发行价格可以很高。如科创板公司孚能科技的发行市盈率高达 1737.49 倍，石头科技的发行价达到了 271.12 元，这些都创下了目前 A 股市场的发行纪录。而被称为"创业板注册制第一股"的锋尚文化的发行价也达到了 138.02 元，刷新了创业板新股发行最高价的纪录。如此一来，投资者"打新"就要格外谨慎，不然就会遭遇新股"破发"的风险。如科创板新股久日新材上市当天仅上涨 6.42%，次日宣告"破发"。而这样的故事很有可能会在创业板上演。所以投资者不能"逢新必打"，而应该有选择性地"打新"。

其次，投资者不能盲目地参与"炒新"。在审批制下，新股发行受 23 倍市盈率的限制，同时新股上市又有涨跌幅的限制，所以，投资者"炒新"也是相对安全的。一只新股上市，通常会出现连续涨停的局面。这样的新股，投资者买到就是赚到，因此，市场"炒新"的热情很高。

但注册制放开了新股上市涨跌幅的限制，新股上市的前 5 个交易日不设涨跌幅限制，如此一来，原来的"炒新"套路就行不通了。一方面，新股本身就是高价发行，另一方面，新股上市没有涨跌幅限制了，因此，投资者如果在新股上市首日盲目追高的话，就有可能面临短线套牢甚至中长线套牢的风险。如 2020 年 7 月 10 日上市的科创板新股云涌科技，上市首日最高价达到了 328.00 元，但冲高回落，随后的日子一路走低，到 8 月 14 日，收盘价只有 151.05 元，不到最高价的一半，上市首日杀入的"炒新"者几乎全军覆没。因此，注册制下，投资者切勿盲目"炒新"。

最后，股票的涨跌幅限制比例由 10% 放宽到 20%，这意味着股票上涨与下跌的空间都放大了一倍，股票上下震荡的空间也加大了。投资者操作的节奏把握得好，可以遇上"地天板"，大赚；节奏把握得不好，也可能遇到"天地板"，巨亏。要避免与减少损失，投资者在买进股票时就一定要谨慎，买自己熟悉的股票，同时不要盲目追高，对于短期震荡较大的股票，需要及时获利出局，缩短持股时间。